Puliendo el espejo

Ram Dass
Rameshwar Das

Puliendo el espejo

Cómo vivir en el presente basándote en tu corazón espiritual

EDICIONES OBELISCO

Si este libro le ha interesado y desea que le mantengamos informado
de nuestras publicaciones, escríbanos indicándonos qué temas son de su interés
(Astrología, Autoayuda, Ciencias Ocultas, Artes Marciales, Naturismo,
Espiritualidad, Tradición...) y gustosamente le complaceremos.

Puede consultar nuestro catálogo en www.edicionesobelisco.com

Colección Espiritualidad
PULIENDO EL ESPEJO
Ram Dasss
Rameshwar Das

1.ª edición: marzo de 2020
2.ª edición: mayo de 2024

Título original: *Polishing the Mirror*

Traducción: *Juan Carlos Ruíz*
Corrección: *TsEdi, Teleservicios Editoriales, S. L.*
Diseño de cubierta: *Isabel Estrada*

Edita: Ediciones Obelisco, S. L.
Collita, 23-25. Pol. Ind. Molí de la Bastida
08191 Rubí - Barcelona - España
Tel. 93 309 85 25
E-mail: info@edicionesobelisco.com

ISBN: 978-84-9111-568-7
Depósito Legal: B-4.069-2020

Impreso en Gràfiques Martí Berrio, S. L.
c/ Llobateres, 16-18, Tallers 7 - Nau 10. Polígono Industrial Santiga.
08210 - Barberà del Vallès - Barcelona

Printed in Spain

Dedicado a Neem Karoli Baba

Este libro es un pálido reflejo de tu luz,
el brillo de una vela en comparación con el sol.

Tomando el polvo, semejante al polen,
de los pies de loto de mi gurú para pulir el espejo
de mi corazón,
Ahora puedo cantar el puro esplendor de Sri Ram,
lo mejor de Raghus, que bendice los cuatro
frutos de la vida.
No sé nada, por lo que me acuerdo de ti;
Hijo del Viento; concédeme fuerza, inteligencia
y sabiduría, y elimina mis impurezas y mis penas.

INVOCACIÓN A «HANUMAN CHALISA»,
TRADUCCIÓN DE KRISHNA DAS, DE FLUJO DE GRACIA

Breve prólogo de Rameshwar Das

En 1971, año en que fue publicado por primera vez *Be Here Now* (Trad. cast.: *Aquí ahora*. Producciones Editoriales: Barcelona, 1977), de Ram Dass, se vivió una época turbulenta. La Guerra de Vietnam provocó una serie de respuestas violentas. Entusiastas oleadas procedentes de las drogas psicodélicas, el *acid-rock*, una libertad sexual que se acababa de descubrir, el feminismo, la preocupación por el medioambiente y las comunas *hippies* de vuelta a los orígenes creaban cambios tectónicos en el paisaje existencial. La expansión psicodélica de la conciencia empezó a combinarse con el budismo, el hinduismo y la espiritualidad estilo Nueva Era para ofrecer destellos de liberación interna.

Las visiones idealistas pronto se vieron moderadas por la experiencia. Había buenos viajes y malos viajes. Las muertes de estudiantes en Kent State y de los héroes del rock and roll Jimi Hendrix, Janis Joplin y Jim Morrison supusieron enormes conmociones que llevaron a recobrar la sobriedad. Woodstock había terminado. La gran fiesta despertó la mañana siguiente, oliendo a café y necesitando ponerse manos a la obra para construir los cimientos de un cambio real.

Richard Alpert había sido, igual que Timothy Leary, profesor y colega defensor de las drogas psicodélicas en Harvard, de donde los despidieron en 1963. Después de Harvard, fundaron un centro contracultural en Millbrook, en la zona norte de Nueva York. En 1966, Alpert, el consumado psicólogo psicodélico, viajó a la India. Volvió como Ram

Dass, un yogui occidental, y pronto se convirtió en el Johnny Appleseed de la espiritualidad oriental en Occidente.

Después de una segunda estancia en la India, desde 1970 hasta 1972, Ram Dass volvió al mismo camino, dando charlas sin cesar durante dos décadas y media. Una y otra vez, representó, con humor, historias y citas, la transformación occidental del «hacer que ocurra» y del «simplemente hazlo» en tranquilizar la mente y vivir el momento, estar presente, atento y amante: simplemente *ser*. Yendo más allá de sus experiencias anteriores, describió y manifestó en sí mismo un estado distinto del ser, transmitido por su gurú de la India. Germinaron algunas semillas espirituales. Miles de personas aceptaron el mensaje y cambiaron sus vidas en consecuencia.

La publicación de su manual de trascendencia, *Be Here Now*, dio lugar a una nueva nota en la cacofónica conversación cultural de los años setenta. Producida en una comuna de artistas gráficos de las montañas del norte de Nuevo México e impresa en papel para envolver de color marrón, era más una novela gráfica y una obra de arte que un texto. Cuando *Be Here Now* se publicó en forma de libro, fue una poderosa afirmación de esta nueva forma de ser. De repente, en el ámbito editorial convencional, se encontraba este manual contracultural para dirigir la conciencia.

Se puso de moda. La gente se lo prestaba a sus amigos y se convirtió en una especie de biblia de la Nueva Era. El mensaje de *Be Here Now* era como una piedra lanzada a la piscina cultural de la conciencia, y sigue extendiéndose en la jerga actual, la cultura del yoga, en los nombres de programas de radio, en una corriente de literatura de la Nueva Era que fluye por todo el mapa espiritual.

Be Here Now no fue sólo un fenómeno mediático, sino que formó parte de un cambio cultural en las conciencias. A partir de entonces, más personas se identificaron con la espiritualidad ecléctica multidenominacional. Los miembros de la generación del *baby boom*, que van envejeciendo, tratan más abiertamente con la vida y la muerte. El yoga ha pasado de ser un fenómeno oriental exótico a una subcultura transnacional. En la era de Internet, estar aquí ahora trasciende el tiempo y el espacio; vivimos unidos en un momento virtual. Mientras viajamos juntos por el espacio sobre una Tierra de mármol azul, crece la conciencia planetaria y se disuelven las diferencias. Como diría Ram Dass, «*Ellos* se están convirtiendo en *nosotros*».

Para millones de nosotros, *Be Here Now* nos abrió las puertas a nuestro ser más profundo, aclarando y calmando el tumulto de conocimiento y agitación, y ayudando a muchos de nosotros a dar el primer paso del peregrinaje hacia nuestro propio corazón. Desde la década de los sesenta, el sinuoso camino de la exploración interior nos ha conducido por muchas curvas y a algunos callejones sin salida. La visión interior sigue revelándose, y nosotros continuamos tras ella.

Be Here Now cambió nuestro punto de vista de cualquier cosa que pensáramos que estaba ocurriendo a una visión de la vida como un viaje espiritual. Una sección del mismo, el «Libro de cocina para una vida espiritual», ofrecía recetas útiles destinadas a la práctica espiritual y al yoga para occidentales. El sencillo mensaje era: «Ahora que has visto la luz, así es cómo hay que vivir en ella». Ese libro de cocina sigue siendo un recurso esencial, y el imperativo del críptico título del libro aún permanece: sé totalmente presente en el momento. Limítate a *ser*.

El proceso de limpiar nuestros campos mentales de desórdenes y accesorios para simplemente ser ahora es complejo y sobrecogedor. Es un juego multinivel. En cuanto te concentras en una parte del rompecabezas de tu conciencia, alguna otra cosa con la que es incluso más difícil tratar atrae invariablemente tu atención. Como dice Ram Dass: «La mente es un servidor maravilloso, pero también un dueño terrible».

Al tratar con estos numerosos niveles de mente y emoción, la imagen de pulir el espejo es una metáfora multidimensional. La propia conciencia es un vestíbulo lleno de espejos. La cualidad clave del alma humana es la capacidad para reflexionar sobre su propia existencia. La autorreflexión, la introspección, y la indagación –independientemente de cómo lo llamemos– nos llevan por numerosas capas de la cebolla de nuestro ser interior, desde nuestros pensamientos más mundanos y repetitivos, hasta estados exaltados de conciencia pura y amor incondicional, de la unidad o de la conciencia de Dios.

Esta reflexión interna puede considerarse el proceso de ser testigos –o simplemente observadores– de nuestras propias acciones, pensamientos y emociones con una actitud de tolerancia y amor. Ser testigos nos ayuda a desconectarnos de los fenómenos externos y las experiencias sensoriales, así como de nuestros discursos mentales, nuestras historias personales que ocupan nuestra atención de forma tan intensa.

Ser testigos transforma sutilmente la forma en que nos identificamos con nosotros mismos. Pasamos de ser los protagonistas de nuestras narraciones personales, cautivados por el tumulto de nuestros pensamientos y experiencias, a ver esos pensamientos y experiencias como fenómenos reflejados en el espejo tranquilo del interior de nuestro ser. De ser la estrella de nuestro propio espectáculo, pasamos a convertirnos en un cariñoso espectador de la obra.

Junto con esta transformación del lugar de nuestra propia identidad, hay un proceso de reflexión externa, ya que vemos nuestro propio ser reflejado y proyectado en todas las experiencias del mundo externo. Con una práctica espiritual paciente podemos alinear, cada vez más intensamente, nuestra experiencia externa con nuestro ser interno. Esto es el yoga: no sólo el yoga del cuerpo, sino también el yoga de la mente (*jnana* yoga), el yoga del corazón (*bhakti* yoga) y el yoga de las acciones desinteresadas (*karma* yoga).

Mientras los velos de la ilusión empiezan a ser más transparentes, cuando reconocemos la limitación de identificarnos tan sólo con pensamientos y experiencias, con la llamada realidad objetiva, empezamos a reflejar un estado más puro del ser. Eliminar el polvo de las impurezas y apegos del espejo de nuestro corazón-mente permite que se refleje la luz del espíritu. A medida que las capas se hacen más transparentes, la luz brilla a través de nosotros, y empezamos a vivir en un estado de conciencia menos cargado de contenido, cada vez más claro. La conciencia del corazón florece en forma de amor, compasión y sabiduría.

Pulir el espejo, este proceso de reflejarnos en nosotros mismos siendo testigos y permitiendo que nuestra vida externa se ponga en armonía con nuestro verdadero ser, se soluciona cuando nos identificamos por completo con nuestra alma y estas capas del ser se unen en nuestro corazón espiritual. Tal vez entonces haya una fase ulterior en que dejamos de experimentarnos como seres separados, cuando la paradójica relación de sujeto y objeto se funden en una unidad. Ese último paso requiere algo que sólo podemos llamar «gracia».

Tener un guía o gurú para este proceso de autorreflexión puede aportarnos la información vital que necesitamos para permanecer atentos y para evitar que nos distraigan no sólo nuestros propios desvíos mentales, sino también planos astrales y otros sutiles. Un verdadero gurú refleja nuestro ser más íntimo, nuestro verdadero Ser, porque vive en ese lugar. La amorosa conciencia del gurú de nuestro viaje, en todos los niveles, es una señal siempre presente en el camino.

Este libro sobre las enseñanzas de Ram Dass es un juego de herramientas para apaciguar la mente, abrir el corazón y profundizar en nuestra unidad. Estas enseñanzas ofrecen procedimientos útiles para estar aquí y ahora. Considera este libro una guía de viajes para el camino hacia ningún lugar, una guía útil para encontrar esa valiosa sensación de paz interior y reunión espiritual.

Los métodos son simples. El camino es sutil. Estamos juntos: ¡tan sólo a un pensamiento de distancia!

Sólo tú puedes saber por ti mismo si el pulido del espejo está funcionando. Sabrás si estás más calmado en tu interior, más cariñoso y comprensivo, más tranquilo y presente, más satisfecho con tu vida.

Como con cualquier clase de trabajo interior, hay infinitas oportunidades para el autoengaño. El ego se transforma sin esfuerzo en un nuevo ego espiritual: «¡Guau, me estoy volviendo realmente espiritual!». Ram Dass, con su humor y sinceridad sobre su propio camino y sus dificultades, es un buen ejemplo. Ojalá nos tratásemos con un grado de comprensión y paciencia igual que él, y no nos tomásemos demasiado en serio. Después de todo, no hay que cumplir nada. Sólo nos estamos permitiendo ser.

CON AMOR
RAMESHWAR DAS

Introducción

Estar aquí ahora

ESTAR AQUÍ AHORA PARECE FÁCIL, pero estas tres palabras contienen un trabajo interior para toda una vida. Vivir en el aquí y el ahora es no lamentarse por el pasado y no tener preocupaciones ni expectativas para el futuro. Estar totalmente presente en cada momento de la existencia es vivir con total satisfacción, con paz y amor. Introducirse en esta presencia consiste en residir en un estado distinto del *ser*, en un momento intemporal, en el presente eterno.

Una vez que tocas este estado de puro *ser*, nunca puedes olvidarlo por completo. Empiezas a ver cómo tus pensamientos siguen apartándote de estar en el momento. Pero el *ser* siempre está *aquí*, nunca a una distancia superior a un pensamiento. No hay nada que hacer, nada en lo que pensar. Limítate a *ser: aquí y ahora.*

Cuando se apaga nuestra mente pensante, toma el control lo que podríamos llamar nuestra mente-corazón, y podemos empezar a vivir con amor. El amor se abre al acto de unirse con otro ser, ya sea con otra persona o con Dios (en última instancia es lo mismo). El amor es la puerta de entrada a la unidad con todas las cosas, a estar en armonía con todo el universo. Esta vuelta a la unidad, a la sencillez de limitarse a *ser*, del amor incondicional, es lo que todos nosotros anhelamos. Este estado de fusión es el yoga real, o unión.

Tal vez este libro te ofrezca una nueva perspectiva desde la que puedas visualizar tu vida. Espero que consideres que vivir desde esta perspectiva es una forma más significativa y trascendente de estar en el mundo. Estar totalmente presentes con nosotros mismos y con otros seres consiste en concentrarse en lo que es realmente importante en la vida, y al hacer eso nos convertimos en más conscientes y cariñosos.

LA PRÁCTICA HACE POSIBLE LA PERFECCIÓN

Quizás ya seas un alma evolucionada que está separada del Uno sólo por la sutileza de los velos, y tu iluminación sea prácticamente instantánea. O tal vez seas un investigador más provisional cuya mente te guía de una u otra forma, y necesitas un recordatorio más constante sobre dónde reside tu verdadero Ser. Sea cual fuere tu situación kármica, ojalá este manual básico de conciencia sea un útil mapa de carreteras para ayudarte a llegar a casa. La casa es donde se encuentra el corazón.

Para la mayoría de nosotros, resulta útil dedicar algún tiempo cada día a la práctica espiritual, lo cual conlleva una programación temporal en nuestras vidas ya muy ocupadas. El camino del corazón no es complejo ni sencillo, sino que requiere tiempo y planificación. Normalmente, los mejores momentos son por la mañana temprano, mientras el mundo aún está calmado, y durante la noche, cuando finalizan las actividades del día.

Considera que ése es tu momento para explorar tu propio ser interior, para encontrar más sentido a tu vida. La práctica espiritual nos ofrece la oportunidad de volver a la innata y comprensiva cualidad de nuestro corazón y a nuestra sabiduría intuitiva. Igual que si fueras de compras para adquirir una nueva serie de ropas espirituales, prueba estas prácticas de autorreflexión, de apertura del corazón espiritual o de servicio desinteresado, y observa cómo te quedan. Después mírate en tu espejo y contempla quién eres ahora y qué funciona para ti.

Cada uno de nosotros tiene su propio camino para seguir, su propio karma. Tienes que hacer honor a tu camino único. No puedes imitar el viaje de otra persona. Escucha tu corazón para oír lo que necesitas, coge lo que puedas usar de estas prácticas y abandona el resto.

EL CAMINO A CASA

En 1961 yo tenía treinta años y me encontraba en el punto más alto de mi carrera académica. Tenía un doctorado en Filosofía por la Universidad de Stanford y era profesor de Relaciones Sociales en Harvard. Había llegado a la cima de la vida como creía que debía ser, en los ámbitos profesional, social y económico. Pero en mi interior quedaba un vacío, una sensación de que, con todo lo que tenía, aún faltaba algo. Aquí estaba yo en Harvard, la meca del intelecto. Pero cuando miraba a los ojos de mis colegas, preguntando «¿*Sabes*?», veía en sus ojos que no podía encontrar lo que estaba buscando.

En mi entorno social o familiar, la gente me miraba y prestaba atención a todas mis palabras porque yo era un profesor de Harvard, y suponían que yo *sabía*. Pero, para mí, la naturaleza de la vida seguía siendo un misterio. Sabía mucho, pero carecía de sabiduría. En este estado de insatisfacción, llenaba mi vida con todas las cosas que pensaba que quería y que se suponía culturalmente que eran satisfactorias. Comía y bebía demasiado.

Coleccionaba posesiones materiales y símbolos de mi estatus: tenía una motocicleta Triumph y un aeroplano Cessna. Tocaba el violoncelo. Era sexualmente activo. Pero estos placeres exteriores no me ofrecían las respuestas que ansiaba. En lo más profundo, no tenía sentido real de satisfacción o alegría.

Otro psicólogo, Timothy Leary, llegó al despacho que había junto al mío. Conocer a Tim fue un hecho importante en mi vida. Nos hicimos amigos. Pronto descubrí que tenía una mente brillante: brillante en el sentido de que era diferente, más propensa a mirar al mundo de forma distinta.

Un semestre, Timothy volvió de las montañas de México, donde había tomado las setas psicodélicas llamadas *teonanácatl*, o «carne de los dioses». Dijo que había aprendido más de esa experiencia que de toda su formación en Psicología. Yo estaba intrigado. En marzo de 1961, tomé psilocibina, una versión sintética de las setas mágicas, y todo cambió para mí. Sentí que la psilocibina me presentó a mi alma, que era independiente del cuerpo y de la identidad social. Esa experiencia expandió mi conciencia y cambió mi visión de la realidad.

Nuestras exploraciones con psicodélicos y nuestro consiguiente despido de Harvard armaron un gran revuelo en las noticias locales y nacionales, y supuso notoriedad para nosotros. En ese momento había una parte de mí a la que no le importaban los títulos y las revisiones por pares, porque los mundos que estaba explorando eran mucho más interesantes que el académico. Los psicodélicos me permitieron pasar por alto mi formación convencional y acceder a ámbitos de la mente y el espíritu que no habrían estado disponibles por otros medios. Cuando me drogaba, sentía como si ése fuera el ser que yo conocía: un ser profundo, en paz, amable y libre.

Seguí usando psicodélicos durante cinco o seis años, intentando permanecer en ese lugar de iluminación, ese lugar en el que recibía amor. Me drogaba y luego se pasaban los efectos, me drogaba y de nuevo se pasaban los efectos, tocando ese estado del amor, pero incapaz de permanecer allí. Yo quería ser libre, no drogarme. En última instancia me di cuenta de que este método no funcionaba para mí, y empecé a hundirme en una profunda desesperación.

En retrospectiva, aunque la psilocibina, así como el LSD, fue vital para mi propio despertar, los psicodélicos no son necesarios para el proceso de acceder a nuestro Ser. Pueden mostrarnos una posibilidad, pero, una vez que vemos esa posibilidad, seguir revisándola una y otra vez no sirve necesariamente para transformarnos. Como solía decir Alan Watts: «Cuando hayas recibido el mensaje, cuelga el teléfono». Al final tienes que vivir en el mundo y seguir transformándote en tu interior.

Aldous Huxley nos había regalado un ejemplar de *El libro tibetano de los muertos*, y me di cuenta de que Oriente ya tenía mapas de estos estados internos que nosotros estábamos explorando intuitivamente y sin puntos de referencia. Por tanto, en 1966, visité la India en busca de alguien que conociera estos planos espirituales de conciencia. Durante los tres primeros meses, viajé con un amigo que había llevado un Land Rover a Teherán y me invitó a unirme a él. Viajamos por Afganistán, Pakistán, India y Nepal en medio de una neblina de hachís. Pero era sólo otro viaje –más de lo mismo, sintiendo el subidón y después volviendo a la realidad– más de mi propia realidad, que me generaba más desesperación.

Entonces, un día en Katmandú, Nepal, en un restaurante *hippie* llamado el Tibetano Azul, vimos a un occidental impresionantemente alto, con el pelo rubio y largo y con barba. Llevaba ropas indias, y se dirigió a nuestra mesa y se unió a nosotros. Resultó que Bhagavan Das, surfista de veintitrés años de edad de Laguna Beach, había vivido en la India durante varios años. Después de algún tiempo con él, supe que realmente *conocía* la India, así que decidí viajar con él para ver lo que podía aprender.

Mientras viajábamos por Nepal y la India, intentaba contar mis habituales historias encantadoras o hacer preguntas sobre adónde íbamos. Bhagavan Das decía: «No pienses en el pasado; limítate a estar aquí ahora», o «No pienses en el futuro; limítate a estar aquí ahora». Aunque era comprensivo, no se implicaba con mis emociones. No había mucho de qué hablar. Después de varios meses de ampollas en mis pies, brotes de disentería y lecciones de hatha yoga, Bhagavan Das dijo que tenía que ir a ver a su gurú, en las laderas del Himalaya. Quería ir allí en el Land Rover, que había quedado al cuidado de un escultor indio con la orden de dármelo si yo se lo pedía. Así que fui con Bhagavan Das.

En nuestro camino hacia las colinas, nos detuvimos por la noche y salí para hacer mis necesidades. Bajo el cielo indio lleno de estrellas, pensé en mi madre, que había muerto el año anterior de cáncer de bazo. Mientras pensaba en ella, experimenté una poderosa sensación de su presencia. No se lo conté a nadie. El psicólogo freudiano que había en mí pensó: «Ahí tienes, pensando en tu madre mientras haces tus necesidades».

EL GURÚ, ELIMINADOR DE LA OSCURIDAD

Mientras conducíamos por las colinas, sabía que a Bhagavan Das le ocurría algo. Caían lágrimas por su cara, y cantaba canciones sagradas a pleno pulmón. Me senté en el borde del asiento, enojado. Me consideraba budista y no quería ver a un gurú hindú.

Llegamos a un pequeño templo situado a un lado de la carretera, y Bhagavan Das preguntó a alguien dónde estaba el gurú. Le dijeron que Maharaj-ji estaba en la colina. Bhagavan Das subió la colina corriendo, dejándome allí sentado. Todo el mundo me miraba, expectante. Yo no sabía qué hacer. No quería estar allí. No quería ver a ningún gurú. Pero, al final, impulsado por la situación social, no por mi propia elección, le seguí. Tropezaba cuesta arriba, detrás de ese gigante que corría a grandes zancadas y gritaba.

Cuando subimos la colina, llegamos a un hermoso y pequeño campo que no podía verse desde la carretera y desde el que se veía un valle. En medio del campo había un pequeño anciano bajo un árbol, sentado sobre una cama de madera y tapado con una manta. Con las nubes de fondo, componía un bonito cuadro. Yo estaba demasiado tenso como para apreciarlo. Pensé que era alguna clase de culto.

Bhagavan Das corrió y se tumbó boca abajo en *danda pranam*, echado sobre el suelo y tocando con sus manos los dedos de los pies del anciano. Bhagavan aún estaba llorando, y el hombre acariciaba su cabeza. Yo no sabía qué hacer. Pensé que esto era una locura. Me puse a un lado diciéndome a mí mismo: «Bueno, he venido aquí, pero no voy a tocar los pies de nadie». No sabía en qué consistía todo esto. Me sentía totalmente paranoico.

El anciano acarició la cabeza de Bhagavan Das, y después me miró a mí. Levantó la cabeza de Bhagavan Das y le dijo en hindú: «¿Tienes alguna fotografía mía?». Entre sus lágrimas, Bhagavan Das dijo que sí. Haharaj-ji le dijo: «Dásela».

Pensé: «Vaya, esto es verdaderamente agradable, este pequeño anciano va a darme una fotografía suya. Guau». Era el primer estímulo para mi ego en todo el día, y lo necesitaba de verdad.

Maharaj-ji me miró y dijo algo que se traduciría como «¿Has venido en un coche grande?». Él sonreía.

Ése era el único tema del que no quería hablar. Habíamos pedido prestado el Land Rover a mi amigo, así que me sentía responsable de él.

Aún sonriendo, Maharaj-ji dijo: «¿Me lo das?».

Empecé a decir que no era mi coche, pero Bhagavan Das se levantó y dijo: «Maharij-ji, si lo quieres, es tuyo».

Grité: «¡No puedes darle el coche! No es nuestro para poder dárselo».

Maharaj-ji me miró y dijo: «¿Ganas mucho dinero en América?».

Me imaginé que creía que todos los americanos eran ricos. Dije: «Sí, gané mucho dinero en América, en otra época».

«¿Cuánto ganaste?».

«Bueno, un año gané 25 000 dólares».

Lo calcularon en rupias y era una cantidad considerable de dinero. Maharaj-ji dijo: «¿Me compras un coche como ése?».

En ese momento pensé que nunca me habían apremiado tan rápidamente en mi vida. Crecí entre limosnas judías. Éramos buenos en agitar el árbol, pero no en esto. Me refiero a que acababa de conocer a este tipo y ya me había pedido un coche de 7000 dólares. Dije: «Bueno, quizás».

En todo momento me sonreía. Me daba vueltas la cabeza. Todos los demás reían porque sabían que me estaba engañando, pero yo no lo sabía.

Dijo que deberíamos ir y tomar *prasad*, «comida». Nos llevaron al pequeño templo, nos trataron como a reyes y nos ofrecieron una sabrosa comida y un lugar donde descansar. Esto tenía lugar en las montañas: sin teléfonos, sin luces, nada.

Un rato después nos llevaron ante Maharaj-ji. Él me dijo: «Ven, siéntate». Me miró y dijo: «Estuviste bajo las estrellas la noche anterior».

«Sí».

Él dijo: «Pensaste en tu madre».

«Mm... hmm. Sí».

«¿Murió el año pasado?».

«Sí».

«Se le hinchó mucho el estómago antes de morir».

«Es cierto».

«Bazo. Murió por el bazo». Él dijo «bazo» en inglés. Cuando dijo «bazo» me miró directamente.

En ese momento ocurrieron dos cosas a la vez.

En primer lugar, mi mente racional, como una computadora fuera de control, intentaba desesperadamente averiguar cómo podía saber eso. Pensé en todas las situaciones posibles en las que estaría implicada la CIA, como: «Me han traído aquí y esto es parte de su manipulación mental. O él puede tener esa información sobre mí. ¡Guau, son muy buenos! ¿Pero cómo podía saber eso? No he dicho nada a nadie, ni siquiera a Bhagavan Das...», y así sin parar. Pero, independientemente de lo impresionante que fuera, mi mente no podía manejar esto. No estaba en el manual de instrucciones. Estaba más allá de mis fantasías paranoides, y algunas de ellas eran bastante imaginativas.

Hasta entonces tenía una opinión intelectual sobre cualquier cosa psíquica o sobrenatural que ocurría. Si lo oía de segunda mano, decía, como cualquier buen científico de Harvard: «Bueno, eso *es* interesante. Debemos mantener la mente abierta a estas cosas. Hay algunas investigaciones interesantes sobre estos aspectos. Las estudiaré».

O, si estuviera bajo los efectos del LSD, yo, como observador, diría: «Bueno, ¿cómo sé que no me estoy inventando todo». Pero no me encontraba bajo los efectos de ninguna sustancia química, y este anciano acababa de decir «bazo». En inglés. ¿Cómo podía saber eso?

Mi mente se aceleró, intentando averiguar cómo Maharaj-ji podía saber esto. Por último, como un ordenador con un problema irresoluble, sonó la campana, se encendió la luz roja y la máquina se detuvo. Mi mente racional se rendía. ¡Simplemente hizo *puf*!

En segundo lugar, al mismo tiempo hubo una violenta lucha, un doloroso tirón en mi pecho y me eché a llorar. Después me di cuenta de que era mi cuarto chakra, el centro del corazón, abriéndose. Miré a Maharaj-ji y él me devolvió la mirada con amor. Me di cuenta de que sabía todo sobre mí, incluso las cosas de las que me avergonzaba, y sin embargo no me estaba juzgando. Simplemente me quería con un amor puro e incondicional.

Lloré, lloré, lloré y lloré. No estaba triste ni feliz. Lo mejor que puedo decir es que lloraba porque estaba en casa. Había llevado mi carga subiendo la colina y ahora todo estaba hecho. El viaje había terminado y yo había concluido mi búsqueda.

Toda esta paranoia salía de mí, y también todo lo demás. Me quedé con una sensación de amor y paz fantásticos. Estaba en la viva presencia del amor incondicional de Maharaj-ji. Nunca me habían querido tanto. Desde ese momento, todo lo que quería era tocar los pies de Maharaj-ji.

Después, Maharaj-ji me dio un nombre espiritual, Ram Dass, que significa «siervo de Dios» («Ram» es una de las encarnaciones hindúes de Dios, «Dass» significa *siervo*). También encargó a Hari Dass Baba que fuera mi profesor para enseñarme yoga y renunciación durante los cinco meses siguientes.

NINGÚN LUGAR A DONDE IR

Durante los meses que hice mi entrenamiento como yogui en el pequeño templo de Marahaj-ji, me sentí realmente bien. Sentía como si emanara luz de mi cabeza.

En cierto momento tuve que ir a Delhi para renovar mi visado. Fui con aspecto de yogui. Tenía el cabello largo, una barba larga y *mala* (rosarios), y vestía de blanco. Mientras caminaba descalzo por Connaught Circus, en el centro de Nueva Delhi, sentí por todas partes el *shakti*, la energía espiritual. Me encantaba. Mi nuevo ego espiritual también estaba preparado para el viaje.

Cumplimenté los datos de mi visado y recogí el correo de American Express. Después fui a un restaurante vegetariano puro para almorzar. Tenía hambre, pero mantenía mi pureza de yogui. En la India tratan a las personas santas con gran respeto, pero ser un hombre sagrado blanco occidental era poco habitual. Así que yo era doblemente sagrado, y me mostraban respeto. Me miraban mientras comía. Encargué el plato vegetariano especial y comí de forma consciente y como un yogui.

Al final me sirvieron un postre que tenía dos pequeñas galletas inglesas. Sabía que no era comida yogui. Ya sabes, cuando eres puro puedes oler qué comida es pura y cuál impura. Pero dentro de mí hay también siempre un chico judío, y él *quería* esas galletas. Por ello, aunque yo parecía sagrado, incliné con cuidado el plato y metí las galletas en mi bolsa. Parecía como si estuviera pensando en algo sagrado. Comí las galletas en un callejón, al lado del restaurante.

Después volví a las montañas, un viaje de ocho horas en autobús, y cuando entré en el templo fui a tocar los pies de Maharaj-ji. Le miré y me dijo: «¿Te gustaron las galletas?».

SIMPLE VERDAD

Seguí esperando recibir enseñanzas esotéricas de Maharaj-ji, pero cuando preguntaba «¿Cómo puedo recibir la iluminación?», decía cosas como «Ama a todo el mundo, sirve a todo el mundo y recuerda a Dios», o «Alimenta a la gente». Cuando preguntaba «¿Cómo puedo conocer a Dios?», Maharaj-ji decía: «La mejor forma de adorar a Dios es en todas sus formas. Dios está en todas las cosas». Estas sencillas enseñanzas, amar, servir y recordar, se convirtieron en el poste indicador de mi vida.

Maharaj-ji leía los pensamientos de las personas, pero, más allá de eso, él conocía sus corazones. Eso me impresionaba. En mi propio caso, abrió mi corazón porque vi que sabía todo lo que había que saber sobre mí, incluso mis defectos más oscuros y vergonzantes, y aun así me amaba incondicionalmente. Desde ese momento, todo lo que quise era compartir ese amor.

Aunque él sabía que me hubiese gustado quedarme con él para siempre, a comienzos de la primavera de 1967, Maharaj-ji me dijo que había llegado el momento de que yo volviera a América. Me pidió que no se lo contara a nadie. Yo, en ese momento, no me sentía preparado y le contesté que no me sentía suficientemente puro. Me hizo dar vueltas y vueltas, y me miró con atención de arriba abajo. Mirándome a los ojos, dijo: «No veo ninguna impureza».

Antes de dejar la India, me dijeron que Maharaj-ji había dado su *ashirvad*, su bendición, para mi libro. Contesté: «¿Qué es un *ashirvad*? ¿Y qué libro?». Yo no había empezado a planear escribir el libro que se convirtió en *Be Here Now*. *Be Here Now* es el libro de Maharaj-ji.

Mientras estaba sentado en el aeropuerto de Delhi, esperando abandonar la India, un grupo de soldados americanos se fijó en mí. Yo tenía el pelo largo, la barba bien poblada y llevaba una larga toga blanca india que parecía un vestido. Uno de los soldados se me acercó y dijo: «¿Qué eres tú, algún tipo de yogur?». Cuando bajé del avión en Boston, mi padre, George, me recogió en el aeropuerto. Me echó un vistazo y me dijo: «Rápido, entra en el coche antes de que te vea alguien». Pensé: «Éste va a ser un viaje interesante».

Cuarenta años y un ictus casi mortal después, sigue siendo un largo viaje. Estar aquí ahora es incluso más relevante para mí. Vivir el momento, en paz con cualquier cosa que afronte, supone satisfacción. Esta práctica me permite estar presente para amar y servir a otros, y para expresar amor incondicional en el mundo. Cuando estás plenamente en el momento, este momento es todo lo que hay. Parece como si el tiempo se hiciera más lento. Cuando tu mente está tranquila, te introduces en el flujo del amor y fluyes de un momento al siguiente de forma tan natural como respirar.

Sin importar lo que surja, yo lo acojo con amor en ese mismo momento. Ésta es mi práctica de pulir el espejo para reflejar el amor de Maharaj-ji. En este momento sólo hay conciencia y amor. Si alguien me pregunta cómo entrar en su corazón, les ofrezco esta práctica: amo la conciencia.

En la India, cuando la gente se junta y después se despide, dice «Namasté», que significa:

Honro el lugar tuyo
Donde reside todo el universo.
Honro el lugar tuyo
De amor, de luz, de verdad, de paz.
Honro el lugar tuyo
Donde, si tú estás en ese lugar en ti y
Yo estoy en ese lugar en mí,
Somos sólo uno.

Namasté.

RAM DASS
MAUI
AGOSTO DE 2013

Capítulo 1

Puliendo el espejo

CAMPOS MENTALES

LA ESENCIA DEL YOGA ES LA UNIÓN o la conversión en uno con el universo. El corazón conceptual del yoga, los sutras de yoga Patanjali, comienza con «*Yoga citta vritti nirodha*», que significa «la conciencia unificada llega con el cese del pensamiento». Tranquilizar la mente permite manifestarse a la profundidad natural del espíritu.

La meditación, la práctica de tranquilizarse, concentrarse y purificar la mente, alineándola con el espíritu, es uno de los fundamentos del yoga. Aunque puede comenzar en la mente pensante y se puede acceder a ella a través del pensamiento, la meditación va más allá de la mente pensante. La meditación se basa en la verdad de que quien *eres* tú realmente es más de lo que tú *piensas* que eres.

Cuanto más desees saber quién eres de verdad y por qué estás aquí en la Tierra, más te aproximarás a esa verdad. Conforme te ves arrastrado hacia dentro, empiezas a dejar atrás las clases de unión y apego que mantienen tu visión distorsionada y estrecha.

Tu mente puede introducirte en tu espíritu, pero también puede mantenerte profundamente ligado a tu ego, a quien crees que eres. La cultura occidental glorifica la mente, pero hay otras formas de conocimiento, y la mente pensante es sólo parte de nuestro ser. La realidad de la unidad es superior a lo que está disponible para ti a través de tus sentidos y tus pensamientos.

El apego al melodrama de tu ego es lo que te impide estar aquí ahora. Este modelo de quién crees que eres y cómo piensas que es el mundo te conduce constantemente hacia la separación. Son hábitos mentales. Debido a la naturaleza de estos apegos, puedes ver sólo lo que puedes ver, que desde el punto de vista del ego es un mundo de sujeto y objetos, yo y el mundo material.

Un uso más diestro del intelecto es la contemplación. Es también una forma de *jnana* yoga (pronunciada «yian»), el camino del conocimiento y la sabiduría. En este yoga de la mente, utilizamos ésta para reflexionar sobre ella misma. Por ejemplo, cada mañana, coge un libro sagrado y trabaja con una idea. No leas muchas páginas; limítate a tomar un pensamiento y medita durante diez o quince minutos. Piensa en ello durante todo el día.

Si reflexionamos sobre las cualidades del amor de Cristo, o de la ecuanimidad, amabilidad o compasión, empezamos a adquirir esas cualidades. Sri Ramakrishna dijo: «Si meditas sobre tu ideal, adquirirás su naturaleza. Si piensas en Dios día y noche, adquirirás la naturaleza de Dios».

NO PUEDES SABERLO; SÓLO PUEDES SERLO

Si estás leyendo esto, ya te habrás dado cuenta de que te encuentras en un viaje espiritual. También puedes entender que, desde el interior de la ilusión de nuestra separación, lo que percibimos es la realidad relativa, a lo que en la India llaman *maya*, la ilusión proyectada de sujetos y objetos. A tu alrededor hay diversos niveles de realidad relativa. Al explorar la mente, resulta útil examinar esas realidades relativas.

Muchas personas están tan totalmente implicadas en sus vidas que el elemento espiritual es irrelevante para ellas. No ven sentido a que, detrás de su realidad aparente, haya otra realidad igualmente verdadera, una dimensión espiritual.

Cuando empiezas a despertar ante tus apuros –porque estás atrapado en la ilusión–, empiezas a ver a través de la cualidad similar a los sueños de los velos de la ilusión. Todo lo que creías que era real, ahora lo ves como *maya* (ilusión).

Las motivaciones y los deseos influyen en nuestras percepciones. No necesariamente vemos las cosas como *ellas* son. Las vemos como somos *nosotros*. Nuestro sistema de deseos crea nuestro universo perceptual. En ese sentido, se puede decir que nuestra realidad es una proyección de cómo nos identificamos. Hari Dass, mi maestro de yoga en el asram de la India, escribió en cierta ocasión en su pizarra: «Si un carterista se encuentra con un santo, todo lo que ve son sus bolsillos». En *Manual de iluminación para holgazanes*, Thaddeus Golas dice: «Nunca tienes que cambiar lo que ves, sólo la forma en que lo ves».[1]

Gurdjieff, un gran maestro espiritual que enseñó en Europa y América en las primeras décadas del siglo XX, comentó que si crees que eres libre y no sabes que te encuentras en la cárcel, no puedes escapar. Gurdjieff nos consideraba presos de nuestros propios hábitos mentales. A menos que entendamos cómo nos condicionan nuestros deseos, nos quedaremos atrapados en la realidad que generan, como un programa de televisión con un anuncio que se sigue repitiendo una y otra vez, implantando un mensaje subliminal mientras vemos el programa.

MÁS ALLÁ DEL PENSAMIENTO

En Occidente somos recompensados con el conocimiento racional y el aprendizaje. Pero sólo cuando ves que las suposiciones bajo las que hemos trabajado no son válidas, cuando te desesperas de llegar allí mediante tu mente racional, surge la posibilidad de cambiar de verdad tu mente. Albert Einstein dijo: «Necesitamos un nuevo tipo de pensamiento si la humanidad va a sobrevivir y a elevar su nivel». También dijo: «La mente puede actuar sólo con lo que sabe y puede demostrar.

1. Thaddeus Golas, *The Lazy Man's Guide to Enlightenment.* (Layton, UT: Gibbs Smith, 2008) 89. (Trad. cast.: *Manual de iluminación para holgazanes*. Editorial Cuatro vientos, Madrid, 1982).

Entonces llega un momento en que la mente da un salto –puedes llamarlo intuición o lo que sea– y alcanza un nivel superior de conocimiento, pero nunca puede demostrar cómo ha llegado allí. Todos los grandes descubrimientos conllevan un salto así».[2]

En la sabiduría védica de la India, los sabios ancianos dicen que hay tres formas de adquirir conocimiento espiritual:

- En primer lugar se encuentra tu propia experiencia.
- En segundo lugar, lo escuchas de alguien que tú sabes que lo sabe, y te lo dice.
- La tercera es estudiar o aprender de libros como éste, con tu mente lógica.

¿Qué ocurre con las otras formas de conocer o experimentar la vida, formas que resuenan con una validez interna y que se sienten intuitivamente correctas? Einstein dijo: «No llegué a mi comprensión de las leyes fundamentales del universo mediante mi mente racional». Las alcanzó mediante intuición. Ésta es algo que en realidad no entendemos, aunque la estamos utilizando todo el tiempo. Decimos que alguien sabía algo por intuición. Se han introducido en una forma de conocer subjetiva, no objetiva. De hecho, hay formas de conocer distintas a las de los sentidos y la mente pensante.

En 1906, William James escribió en *Las variedades de la experiencia religiosa*:

> La conciencia normal de nuestra vigilia... no es sino un tipo especial de conciencia, mientras que todo sobre ella, separado por la más vaporosa de las pantallas, supone formas potenciales de conciencia totalmente distintas. Podemos pasar por la vida sin sospechar de su existencia; pero aplicamos el estímulo necesario y con un solo toque allí están, en toda su completitud, tipos definidos de mentalidad que probablemente en algún lugar tienen su campo de aplicación... Ningún informe sobre el universo

2. Albert Einstein, citado en «Death of a Genius», de William Miller, revista *Life*, 2 de mayo, 1955, 64.

en su totalidad puede ser definitivo si desprecia esas otras formas de conciencia. Cómo apreciarlas es la cuestión... Pueden determinar actitudes, aunque no puedan suministrar fórmulas, y pueden abrir una región, aunque no puedan proporcionar un mapa. En cualquier caso, prohíben un cierre prematuro de nuestros informes sobre la realidad.

La gente en primer lugar despierta a una dimensión espiritual en sus vidas mediante una diversidad increíble de formas. Algunas personas parecen abrirse mediante experiencias traumáticas, como por ejemplo cuando describen un momento en que han estado cerca de la muerte o en otro momento en que tocan algo mucho más profundo que la forma usual en que piensan sobre las cosas. Otras personas despiertan mediante la meditación o con experiencias religiosas. Algunas llegan allí con el sexo o con drogas.

Recuerdo cierta ocasión en que ofrecí una charla, a comienzos de la década de los setenta. La mayor parte de mi audiencia en aquella época era joven, y solían vestir de blanco, sonreír mucho y llevar flores. Yo llevaba mi *mala* y tenía una barba muy larga. En la fila de delante había una mujer de unos setenta años, que tenía puesto un sombrero con pequeñas cerezas artificiales, fresas y cosas así. Llevaba zapatos negros y un vestido estampado, y tenía un bolso de cuero negro. La miré y no pude adivinar por qué estaba entre el público. Tenía un aspecto muy distinto a los demás.

Estas charlas eran como reuniones de clubes de exploradores, donde nos juntábamos y compartíamos nuestras experiencias. Empecé a describir varias de mis experiencias, algunas de las cuales eran muy poco convencionales. La miraba y ella asentía entendiendo lo que yo decía. Yo no podía creer que ella comprendiera de qué estaba hablando. Estaba describiendo experiencias relacionadas con que había utilizado psicodélicos, experiencias que implicaban otros niveles de conciencia. La miraba y allí estaba, asintiendo. Empecé a pensar que tal vez tuviera algún problema en el cuello y que quizás no tenía nada que ver con lo que yo estaba diciendo. Seguí observándola, cada vez más fascinado y extrañado, y ella asentía y asentía.

Al final de la charla le lancé una sonrisa tan intensa que tuvo que levantarse y hablarme. Se acercó a mí y dijo: «Muchas gracias. Todo tiene mucho sentido. Ésa es la forma en que yo concibo el universo».

Y yo le pregunté: «¿Cómo lo sabe? Quiero decir, ¿qué ha hecho en su vida que le haya aportado este tipo de experiencias?».

Se inclinó hacia adelante de forma misteriosa y dijo: «Hago ganchillo».

Y en ese momento me di cuenta de que la gente llega a una comprensión espiritual mediante un rango mucho más amplio de experiencias de lo que pensaba antes.

Parte del proceso del despertar consiste en reconocer que las realidades que creíamos que eran absolutas son sólo relativas. Todo lo que tienes que hacer es cambiar de una realidad a otra una vez, y tu apego a lo que pensabas que era real empieza a colapsarse. Una vez que las semillas del despertar germinan en ti, no hay elección: no hay vuelta atrás.

Sin duda, todos sabemos que la realidad es relativa; lo sabemos desde la niñez: «Rema, rema, rema en tu barca siguiendo la corriente. Con alegría, alegría, alegría, la vida no es sino un sueño». La vida *es* un sueño.

PERDER TU MENTE PARA GANAR TU ALMA

Una razón para poner en práctica la purificación es que relaja, por lo que no estamos creando demasiado karma pesado para nosotros mismos. Estamos constantemente preocupados por las creaciones de nuestras mentes. Einstein de nuevo: «El verdadero valor de un ser humano puede descubrirse en el grado en que ha conseguido liberarse del yo». Aquello de lo que nos esforzamos para liberarnos son nuestros patrones habituales de pensamiento sobre nosotros mismos y la fuerza de nuestras experiencias sensoriales. La iluminación en estos ámbitos nos permite volver a concentrarnos y calmar la mente con meditación, mantras o las prácticas del bhakti yoga. Cuando profundizamos en esas prácticas, alcanzamos la sabiduría superior.

El dominio de la mente está plagado de paradojas. Hay que abandonar todo para tenerlo todo. Desconecta tu mente. Hay un lugar en ti, más allá del pensamiento, que ya sabe: cree en eso. Jesús nos dice que, a no ser que nos convirtamos en niños pequeños, no podremos entrar en el reino de los cielos. Esa mente de niño, a veces llamada mente de principiante en el Zen, es la inocencia del puro ser, del amor incondicional.

Si vamos a vivir en ese estado de puro ser, algo de nuestro interior debe morir. Es como cuando una oruga se transforma en una mariposa. La oruga no se convierte en una oruga voladora; se transforma en una mariposa.

Éste es el camino sin camino. El viaje te lleva a tu verdad más profunda. En realidad es sólo volver a donde estabas inicialmente, antes de que te perdieras. Quitar las capas de la mente es como pelar las capas de una cebolla. Las pelas por completo hasta llegar a tu esencia. El viaje espiritual no consiste en conseguir algo exterior a ti. Por el contrario, estás penetrando en las capas y escondites para regresar a la verdad más profunda de tu propio ser.

Lo que buscas ya está dentro de ti. Esta realidad es subjetiva, no la realidad objetiva externa. Puedes experimentarla como concentrada en el centro de tu pecho. Puede llamarse el alma; en el hinduismo, el *Atman*; o en el budismo, la pura mente de Buda. Jesucristo dijo: «El reino de Dios está dentro de ti». Éste es el espacio de conciencia total que está en armonía con el universo; es la propia sabiduría. El espíritu completo de Dios está dentro de cada uno de nosotros. Cuando quieras acercarte a Dios, entra dentro de ti.

ILUMINACIÓN

Sacrificar o limpiar la parte del ego que te aparta del espíritu se llama purificación. La purificación es un acto de dejarse llevar compuesto de conciencia discriminadora; es decir, tú entiendes que eres un alma pasando por una vida en la que todo el drama es un guion para tu despertar y que eres más que tan sólo el drama.

Eres un ser espiritual teniendo una experiencia humana. La experiencia de tu vida es un vehículo para llegar a Dios, para hacerte consciente, para liberarte. En último término eso es lo que haces aquí. Esta conciencia te ayuda a discriminar entre pensamientos, sentimientos y acciones que te acercan a Dios, a tu propia libertad y a aquellos que te apartan de ella.

En lugar de llenar tu mente con las noticias diarias, llénala con material que te ayude a ser más consciente, a liberarte. Cuando te haces más consciente de lo que te lleva a Dios y lo que no, naturalmente te liberas de lo que no lo consigue. Eso es la purificación. Lo haces para llegar a Dios, no para ser puro.

Entonces, ¿cómo te vuelves consciente de todas estas influencias inconscientes? Entra en tu corazón espiritual, tu *hridayam, y contempla el drama que es toda tu vida. Cuando calmes tu mente lo suficiente para trascender tu ego, podrás empezar a escuchar cómo es todo.* Entonces te contemplarás, con una comprensión tremenda, a ti mismo y a todos los seres. Contemplar conlleva lo que puedes llamar conciencia testigo, que procede del plano de tu alma. Es otra forma de pulir el espejo, conectar tu mente pensante con tu corazón espiritual.

Tú observas tu conducta y tus pensamientos, mejorando tu capacidad para vivir plenamente el momento, para estar aquí ahora. Después, cuando estés con la llama de una vela, tú *serás* la llama y el observador. Cuando haya una tarea por hacer, tú serás la tarea y el observador de la tarea. No es que lo hagas; consiste en cómo lo hagas, de dónde vienes cuando actúas.

VIGILANDO AL VIGILANTE

El testigo no evalúa; no juzga tus acciones. Simplemente toma nota de ellas. Es una cosa sutil, el observador observando a él o a ella cómo contemplan. En realidad son dos planos de conciencia simultáneos, el testigo y el ego. El testigo está conectado con el plano del alma.

Al principio puede que te distraigas y que recuerdes ser testigo sólo de vez en cuando. Después te darás cuenta de que, aunque sigues cayendo dormido y dejas de ser testigo, pronto empiezas a recordar ser testigo de nuevo. Simplemente observa. No tienes que cambiar nada. Al final, las cosas cambiarán de forma natural.

Después de algo de práctica, se convierten en más sutiles, y durante el día permaneces concentrado en el testigo, viendo cómo se desarrolla el drama de la vida. El testigo está siempre aquí y ahora. Reside en cada instante de la vida.

Te preguntas a ti mismo: «¿Cómo uso todos mis momentos para quedarme aquí?». La actitud no es intensa ni ceñida, como «Tengo que tener cuidado; podría cometer un error». Relájate, permanece ligero, baila, confía, cálmate, fluye. Tu testimonio vive en el flujo de tu amor y la quietud de tu mente. Las mujeres de los pueblos de la India hablan y cotillean cuando vuelven de la fuente, pero nunca se olvidan de los cántaros de agua sobre sus cabezas. El cántaro de agua es aquello en lo que consiste tu viaje, así que haz lo que sea en tu vida, pero no olvides el cántaro de agua. No olvides en qué consiste.

La ilusión sigue dirigiéndote al olvido. Perdido en tu melodrama, sigues olvidando. A veces dejas que se caiga algo de agua. Seguirás olvidando y recordando, olvidando y recordando. Y de vez en cuando, *recordarás*. Mantén bajo control tu objetivo.

INSPIRANDO, ESPIRANDO

Al final, el equilibrio se desplaza. Permites que tu vida sea más simple y más armoniosa. Cada vez menos, aceptas esto y rechazas aquello. Escuchas cómo es, en lugar de imponer una estructura. Imponer estructuras no te libera. Se disipa tu apego romántico a tu propia línea histórica y a cómo surge. «¿En qué me estoy convirtiendo?» y «¿Qué seré cuando crezca?» son irrelevantes cuando tú simplemente *eres*. Todos estos modelos simplemente se disipan. Empiezas a sentarte de forma sencilla, a vivir de forma sencilla, a estar donde estás, tan sólo a estar con quien estés cuando estés con alguien. Escuchas tu *dharma*, el camino espiritual de vivir tu vida.

Aldous Huxley nos recuerda: «El camino está siempre en el tiempo, el espíritu siempre es eterno y la psique es una criatura anfibia impulsada por las leyes del ser del hombre para asociarse hasta cierto punto con su cuerpo, pero es capaz, si así lo desea, de experimentar e identificarse con su espíritu».

Toda tu vida se convierte en un acto de meditación. No consiste sólo en sentarte en tu almohada de meditación, tu *zafu*. Todo en la vida es un gran zafu, sin importar si estás conduciendo, haciendo el amor o lo que sea. Es todo meditación. Es la práctica de ser aquí y ahora.

Cuando meditas, empiezas a desarrollar el poder de tu mente mediante la concentración, mediante la individuación, siguiendo la respiración o repitiendo un mantra. Desarrollas la capacidad de poner tu mente en un pensamiento y mantenerlo allí, y dejar que todo lo demás fluya. No detienes tu mente. La dejas fluir. Pero sacas un pensamiento constantemente a la superficie. Sigues volviendo a un pensamiento. «Inspiras, espiras», o «Sube, baja». O utilizas tu mantra: «Ram, Ram, Ram, Ram, Ram...». Ya sea que estés comiendo, durmiendo, haciendo el amor, «Ram, Ram, Ram...», continúa. Espiritualizas tu vida. La conviertes totalmente manteniendo un marco de referencia que tiene la capacidad dual de centrarte y de aumentar el poder de señalar una sola cosa. Maharaj-ji me dijo: «Lleva tu mente a un punto y espera la gracia».

UNA MEDITACIÓN VISUAL GUIADA

Siéntate erguido, de forma que tu cabeza, cuello y pecho queden alineados. Empieza concentrándote en el área de tu corazón, en el centro de tu pecho, donde está localizado el hridayam, el corazón espiritual. Con la boca cerrada, inspiras y espiras con tu pecho, concentrándote en tu corazón, como si estuvieras inspirando y espirando con tu corazón. Respira profundamente.

Debido a la pureza de tu búsqueda, están presentes muchos seres increíbles, y con ellos viene la sustancia espiritual de la cual deriva toda forma. Puedes imaginar esa sustancia como una neblina dorada que llena el aire. Con cada respiración no sólo tomas aire; imagina que te adentras en esa sustancia dorada. Llénalo con ella; deja que domine todo tu cuerpo.

Inspira la energía del universo, el *shakti* del universo. Respira en la respiración de Dios. Deja que todo tu cuerpo se llene. Cada vez que espires, exhala todas las cosas tuyas que impiden conocer tu verdadero Ser; espira todas las separaciones, todos los sentimientos de falta de valía, toda la autocompasión, todo el apego a tu dolor, sea físico o psicológico. Espira el odio, la duda, la avaricia, la lujuria y la confusión. Respira en la respiración de Dios y espira todos los obstáculos que te impiden conocer a Dios. Deja que la respiración sea la transformación.

Ahora deja que la neblina dorada que ha penetrado en tu ser se concentre en el centro de tu pecho; déjala formar un ser diminuto, del tamaño de un pulgar, sentado sobre una flor de loto en medio del pecho. Observa su ecuanimidad, el resplandor que emana de su interior. Utiliza tu imaginación. Al mismo tiempo que observas a este ser, contempla su luz radiante. Mira cómo se vierte la luz. Mientras meditas sobre ella, experimenta la profunda paz que emana de este ser. Siente, mientras contemplas a este ser, que tiene una gran sabiduría. Está sentado quieto, silencioso, perfectamente dispuesto en tu corazón. Siente su compasión y su amor. Déjate llenar con su amor.

Ahora, lentamente, deja que ese ser diminuto crezca de tamaño hasta que llene tu cuerpo, de forma que su cabeza llene el espacio de tu cabeza, su torso, tu torso, sus brazos, tus brazos, y sus piernas, tus piernas. Por ello, ahora, en la piel de tu cuerpo deja que se coloque este ser, un ser de sabiduría infinita, un ser de la compasión más profunda, un ser que está bañado de bendiciones, un ser que es autorresplandeciente: un ser de tranquilidad perfecta.

Deja que ese ser empiece a crecer de tamaño. Experiméntate creciendo hasta que todo lo que hay en la habitación esté dentro de tu cuerpo. Todos los sonidos, todas las experiencias sensoriales proceden de tu interior.

Continúa creciendo. Siente tu grandeza, tu paz, tu ecuanimidad. Tu cabeza se extiende hasta el cielo. Expándete hasta que tu ciudad, tu entorno y todos los seres que hay en ellos estén dentro de ti. Experimenta la condición humana; contempla la soledad, la alegría, el cariño, la violencia, la paranoia, el amor de una madre por su hijo, la enfermedad, el miedo a la muerte: contémplalo todo. Está todo dentro de ti. Obsérvalo con compasión y con cariño y, al mismo tiempo, con ecuanimidad. Siente la luz circulando por tu ser.

Permítete crecer aún más. Siente que tu tamaño crece hasta que estás sentado en el centro de esta galaxia, la tierra en lo profundo de tu vientre. Toda la humanidad está dentro de ti. Siente la agitación y el deseo. Siente la belleza. Siéntate en este universo, silencioso, en paz, compasivo, cariñoso. Todas las creaciones de las mentes de los seres humanos están dentro de ti; contémplalas con compasión.

Sigue creciendo hasta que no sólo esta galaxia, sino que todas las galaxias estén dentro de ti, hasta que todo lo que puedas concebir esté dentro de ti. Todo se encuentra en tu interior. Tú eres el Único. Siente tu soledad, tu silencio, tu paz. No hay otros seres aquí; todos los niveles de conciencia están en tu interior, y todos los seres están dentro de ti.

Tú eres el Anciano. Todo lo que ha sido, es o será, forma parte de la danza de tu ser. Tú eres el universo, por lo que tienes sabiduría infinita; sientes todos los sentimientos del universo, por lo que tienes compasión infinita. Deja que se disuelvan los límites de tu ser, y únete con lo que está más allá de la forma. Siéntate durante un momento en la ausencia de forma, más allá de la compasión, más allá del amor, más allá de Dios. Deja que todo exista en su percepción.

Con mucha suavidad, muy despacio, deja que los límites de tu enorme ser, el Uno, se restablezcan. Enorme, silencioso, todo está en tu interior. Vuelve de tu viaje más allá del Uno y decrece lentamente en tamaño. Vuelve desde los universos a este universo, hasta que tu cabeza esté una vez más entre los planetas y la Tierra esté en tu interior. Decrece hasta que tu cabeza vuelva a estar en el cielo y las ciudades estén en tu interior.

Decrece de tamaño hasta que tu cabeza se encuentre en lo alto de tu habitación. Detente durante un momento. Desde este lugar, busca en la habitación y encuentra al ser que pensabas que eras cuando comenzaste esta meditación. Mira a ese ser, poniendo todo tu amor y compasión. Contempla el viaje de ese ser mientras vive esta encarnación; observa sus miedos, sus dudas, sus conexiones. Observa todos los pensamientos y objetos que contiene y que le impiden ser libre. Contempla lo cerca que está de saber quién es. Mira a ese ser y contempla la pureza de su alma.

Extiende el brazo y, con tu mente, coloca muy suavemente tu mano sobre la cabeza de este ser y concédele tus bendiciones para que en esta misma vida pueda conocerse por completo. Experimenta simultáneamente lo que bendice y lo que es bendecido.

Ahora vuelve al cuerpo en que pensabas que estabas cuando comenzaste. Sigues siendo carne que rodea un ser de fulgor y sabiduría, un ser de compasión que procede del ajuste con la verdad, con el amor por todo lo que surge de ese enorme Uno. Ese amor y esa paz se están vertiendo de ti a todos los seres de todos los lugares como un modelo para todos los que sufren.

Recuerda a aquellas personas por las cuales no has sentido amor. Contempla sus almas y rodéalas con luz, con el amor y la paz de este momento. Deja pasar la ira y el enjuiciamiento.

Envía la luz de amor y paz a las personas que están enfermas, que están solas, que tienen miedo, que han perdido su camino. Comparte tus bendiciones, porque sólo cuando das puedes seguir recibiendo. Mientras viajas por este camino espiritual, acepta la responsabilidad de compartir lo que recibes. Eso forma parte de la armonía de Dios, de convertirte en un instrumento de la voluntad de Dios.

Deja que el ser radiante y perfecto de tu interior vuelva a asumir su forma diminuta, el tamaño de un pulgar. Contémplalo de nuevo sentado sobre una flor de loto en tu corazón espiritual, en medio de tu pecho, irradiando luz, paz, compasión inmensa. Este ser es el amor. Este ser es la sabiduría. Éste es el gurú interno. Éste es el ser de tu interior que siempre *sabe*. Éste es el ser que te encuentras mediante tu intuición más profunda, cuando vas más allá de tu mente. Ésta es la forma diminuta del universo completo que existe dentro de ti.

En cualquier momento, sólo necesitas sentarte y tranquilizar tu mente, y escucharás a este ser guiándote a casa. Cuando termines este viaje, habrás desaparecido en este ser, rendido, fusionado, y entonces conocerás la verdad que Ramama Maharshi, un gran ser realizado de la India, quería decir cuando afirmaba que Dios, el gurú y el Ser son uno.

Capítulo 2

Bhakti yoga, el camino de la devoción

«YOGA» SIGNIFICA «YOKE» o unión, unión con Dios. El bhakti yoga es el camino de devoción, de amar a Dios y de embeberse de amor de Dios. El practicantc dc bhakti, cl bhakta, cs cl amantc, y Dios cs cl Amado.El bhakti utiliza el dualismo de la relación, el profundo amor, porque el amante se une con el amado para convertirse en uno en amor. El bhakti es el camino del corazón, usando nuestras emociones humanas para forjar la conexión entre lo humano y lo divino. Las prácticas de bhakti yoga despiertan este flujo de amor.

Podemos cantar al Amado, podemos rezar oraciones, podemos sentarnos ante una imagen de un ser sagrado o podemos dedicarnos a la dulzura de recordar a Dios. Una vez te has presentado en el río del amor, todo lo que tienes que hacer es dejarlo llevar al océano. Cuando a Marahaj-ji le preguntaron cómo meditar, él dijo: «Medita de la forma que meditaba Cristo… ¡Él se perdió en el amor!».

La devoción complementa la quietud de la mente durante la meditación al abrir el corazón. Este fluir del corazón hacia el objeto de nuestra devoción pule aún más el espejo que refleja el espíritu. Este flujo de energía amorosa amplifica también otros métodos, como veremos más adelante.

Abrir mi corazón facilitó el cambio de mi mente. En eso consiste realmente la devoción: es una forma de facilitar en gran medida volver la mente a una dirección determinada, porque el amor es muy seductor, pues conlleva mucha alegría. Ramakrishna dijo: «Bhakti, el amor de Dios, es la esencia de toda disciplina espiritual».

El yoga de la devoción comienza desde aquí donde nos encontramos, como almas encarnadas separadas de Dios. Cuando estamos totalmente presentes en este momento, con una mente tranquila y un corazón abierto, experimentamos el flujo del amor de nuestro corazón espiritual. El bhakti yoga nos abre a este flujo de amor inspirado divinamente.

Podríamos decir que bhakti es el juego del amor, la *lila*, entre Dios y el alma. El bhakti yoga usa la relación dualista de amante y amado para introducirnos en la esencia del amor, para convertirnos en amor. El amor tiene un poder intrínseco que nos lleva más allá de las limitaciones de nuestros seres separados, de nuestro ego, al Atman, nuestro ser superior. Nuestro amor emocional personal queda absorbido en el amor universal incondicional del Uno. Como decía Meher Baba, «Ser es morir por amor».

De todos los distintos yogas, todos los numerosos caminos hacia el Uno, todas las diversas rutas hacia la montaña, el bhakti se conoce como el camino fácil. Con bhakti, en realidad no tienes que *hacer* nada; simplemente te relajas, te dejas ir y abres tu corazón.

No importa que lo llames amor de Dios, o del gurú, o de la verdad de quién eres tú. Cómo pienses en ello es realmente irrelevante. La ola emocional de un asunto amoroso con lo divino es tan intensa que te lleva más allá de tu mente pensante. Esta devoción empieza a impregnar cualquier cosa que hagas en tu vida, llevándola al divino juego del amor. En sánscrito, esa alegría del alma se llama *sat cit ananda*, «verdad-conciencia-bendición». O podríamos decir: «La conciencia de la verdad es una bendición».

La devoción por Dios subyace en la mayoría de las tradiciones espirituales, especialmente las orientadas más a lo emocional y extático que a lo intelectual. El amor es más que una idea. No podemos limitarnos a sentarnos y averiguar intelectualmente en qué consiste el bhakti o la devoción. Tiene que ver con el corazón, y los viajes del corazón se experimentan en un ámbito que no es necesariamente conceptual. Cuanto más intentes pensar en tu camino hacia la devoción, más duro será. Hafiz, el poeta, dijo: «Oh, vosotros que intentáis aprender la maravilla del amor desde el libro de la razón, me temo mucho que nunca veréis lo importante».

Podemos pensar y hablar sobre bhakti yoga, pero lo *experimentamos* mediante *kirtan* o cánticos; poesía mística; el recuerdo de los santos; mantras para abrir el corazón; o simplemente por estar juntos en amor, en verdadero *satsang*. La apertura del amor es intemporal. Cuando estás con otra persona a la que amas, estás compartiendo tu ser, tu presencia. Estáis aquí, juntos, enamorados.

> El momento en que escuché mi primera historia de amor
> Empecé a buscarte, sin saber la ceguera que conllevaba.
> Los amantes al final no se encuentran en algún lugar.
> Están el uno en el otro en todo momento.[3]
>
> Rumi

Muchos de nosotros tememos dejar que nuestras mentes juzgantes se enamoren, que se absorban en el flujo líquido del universo. En el caso del amor divino, la fe facilita el hecho de dejarse llevar. En las relaciones amorosas, hay un equilibrio engañoso porque las relaciones sacan a la palestra nuestros miedos y vulnerabilidades personales. Comprender la diferencia entre el amor emocional o romántico y el amor divino es útil para calmar esos miedos. Amar a Dios es totalmente seguro porque el objeto de amor en última instancia es tu Yo verdadero.

En *Más allá del materialismo espiritual*, el maestro tibetano Chogyam Trungpa Rinpoche habla de lo que es necesario para una transmisión espiritual entre dos personas: una relación de apertura, confianza y calor. Otra expresión de esa relación procede del *I Ching*: «El Maestro

---

3. Rumi, *The Essential Rumi*, traducido al inglés por Coleman Barks con John Moyne. (San Francisco: Harper San Francisco, 1995) 106. Permiso de reproducción concedido por el traductor.

dijo... cuando dos personas son una en lo más profundo de sus corazones, destrozan incluso la fuerza del hierro o del bronce. Y cuando dos personas se comprenden la una a la otra en lo más íntimo de sus corazones, sus palabras son dulces y fuertes, como la fragancia de las orquídeas».

¿CÓMO TE AMO?

Gurdjieff habla sobre tres niveles de amor. Existen el amor fisiológico, el sexual y el bioquímico: «Hagamos el amor». Después está el amor romántico, que es amor de personalidad, amar un objeto. El amor romántico conlleva celos, posesividad y toda la psicodinámica interpersonal. Cuando dices: «Me enamoro de tal o cual persona», lo que realmente dices es: «Una persona cualquiera me coloca en el lugar donde *soy* el océano del amor».

El tercer tipo de amor es el amor consciente, el amor espiritual. Es importante entender que hay una gran diferencia entre el amor romántico y el amor espiritual. Para cambiar el amor romántico en un amor consciente y expansivo tenemos que llevarlo a otro nivel. El amor consciente o espiritual es incondicional; es amor del alma. Para entrar en el espacio del amor consciente te *conviertes* en amor: no amar a alguien o algo, sino sólo *ser* amor.

Esto no quiere decir que estos niveles de amor estén realmente separados o que una clase no pueda estar incluida en otra, como el amor sexual incluido en el amor de lo Divino (una práctica de *Tantra*, un yoga que utiliza energía externa para la transformación interna). El bhakti se concentra en el amor espiritual, el amor del alma por Dios.

Si podemos ver, aunque sea por un momento, que amar a otra persona *es* amar la manifestación del espíritu en ella, sólo amar el amor, entonces se convierte en otra forma del Amado, de Dios. Ésta es la verdad del amor: que el amor está en todos nosotros, que somos uno en el amor.

Ram hi kewal prema piyara
Jnani leo jo ja nani hará

El amor sólo ama al amor
Quien sabe esto puede conocer

DEL *RAMAYANA* DE TULSI DAS

EL AMOR ES UN ESTADO DEL SER

Cuando vivo en el lugar donde *soy* amor, veo amor dondequiera que mire. Es fantástico. Imagina ver amor en todos y en todo. El amor no requiere que hagas nada acerca de él. Todos nosotros estamos aquí en el amor. En la medida en que hay abiertos otros seres, cuando me los encuentro, hay una resonancia armónica con el lugar donde también existen como amor; no es que estén *amando*, sino que son *amor*. De repente nos encontramos aquí, en el océano del amor, que es en lo que consiste Cristo. Este amor no es posesivo. No podemos asumirlo. Sólo podemos convertirnos en él.

Conforme creces en devoción y concentración, más y más en el Amado, sintonizas con un lugar más profundo de tu interior. Las cualidades emocionales y románticas dan paso a un nuevo tipo de amor donde finalmente consideras a todos y a todo como los Amados.

Sólo cuando empiezas a entender que el amor es un estado del ser, puedes de verdad estar en el amor. Si tú y yo estamos realmente en el amor, si ambos estamos en el lugar de nosotros mismos que es el amor, estamos juntos en él. Estar en el amor es compartir juntos un estado común.

Anandamayi Ma, la santa hindú cuyo nombre significa «madre abierta a la bendición», decía a sus seguidores: «Todos vosotros amáis tanto este cuerpo que a menudo venís a verme, sin importar la gran distancia que muchos tenéis que recorrer.

Sin embargo, es verdad que este cuerpo no tiene relación con ninguno de vosotros excepto la relación con el Atman [el alma universal], que este cuerpo disfruta de igual forma no sólo con cada uno de vosotros, sino incluso con todos los árboles, las hiedras y la flora que hay a su alrededor, así como con las rocas, las montañas y todo lo demás».

GURU KRIPA (LA GRACIA DEL GURÚ)

Cuando Dada Mukerjee, un antiguo seguidor de Maharaj-ji, visitó el ashram Neem Karoli Baba de Taos, Nuevo México, se sorprendió de encontrar sinceros devotos que nunca habían conocido a Maharaj-ji en persona. Dada dijo: «El verdadero milagro es que estos devotos nunca han conocido a Maharaj-ji y tienen la misma devoción». Ellos conocían a Maharaj-ji principalmente por las historias de *Be Here Now* y *Miracle of Love*. Muchos occidentales se han dado cuenta de que si invitas a Maharaj-ji a tu corazón, él estará contigo.

Esa cualidad de apertura amorosa y fiable te permite recibir la transmisión procedente de otro ser. Fue el amor de Maharaj-ji y mi apertura hacia él lo que me permitió disfrutar de sus bendiciones. La forma en que funciona el bhakti es que simplemente amas hasta que el Amado y tú os convertís en uno. Conforme cada persona se abre y ama, surge la gracia y llega a tu interior.

> Déjame siempre sentirte presente,
> en cada átomo de mi vida.
> Déjame seguir entregando mi yo
> hasta que sea totalmente transparente.
> Deja que mis palabras estén arraigadas en la sinceridad
> y que mi pensamiento se pierda en tu luz,
> Dios indescriptible, mi esencia,
> mi origen, la sangre de mi vida, mi hogar.[4]
>
> DEL SALMO 19, TRADUCIDO AL INGLÉS POR STEPHEN MITCHELL

Para mí, la forma del Amado es mi gurú, Maharaj-ji Neem Karoli Baba. Puesto que el gurú es en gran medida una parte de mi camino, a menudo me preguntan si es necesario tener uno. Depende de cómo entiendas lo que es un gurú. Conforme profundizas, empiezas a enten-

4. Salmo 19, «The Book of Psalms», *The Enlightened Heart: An Anthology of Sacred Poetry*, editado por Stephen Mitchell. (New York: Harper & Row, 1989). Permiso de reproducción concedido por el editor.

der (como demuestra la meditación del final del último capítulo) que Dios, el gurú y el Yo son uno, sin duda.

Por tanto, la respuesta surge a distintos niveles. Por un lado, no es necesario tener un gurú externo, porque el verdadero gurú es una relación interna. En el sentido superior del Yo, tú *eres* el gurú. Por otra parte, mientras te identifiques como una entidad individual puede resultar útil tener un gurú personal para mantenerte encaminado hacia la dirección correcta. Depende de lo que necesites.

En el bhakti yoga, la forma de tu Amado puede ser cualquier cosa que ames profundamente. Puedes encontrarlo en Dios, en un gurú, en un maestro, en una flor o en una mascota. El Amado está en todas partes. Puedes encontrar al Amado en cualquier persona o cualquier cosa que ames con suficiente profundidad para abrir tu corazón y que te ame. Limítate a permitir que ese amor te abra y disuelva los límites de tu individualidad, transformándote en uno.

Escucha los mensajes que te llegan mientras estás sentado tranquilamente, y encontrarás muchas pistas para guiarte. Cuando más tranquila esté tu mente, más capaz serás de escuchar estos mensajes internos y permitirles que te guíen.

¿Cómo conocerás a tu gurú? El gurú lo sabrá. No tienes que buscar al gurú. Él aparece cuando estás preparado. Lo sabrás. No habrá duda alguna. El gurú es un espejo que refleja tu Yo superior, que te permite ver ese lugar de amor y ser puro en ti mismo. El gurú puede ser Cristo o cualquiera entre varios seres, y no necesariamente en el plano físico.

Tu gurú te guiará, hasta el punto de que tú harás simplemente una pregunta tras otra. Algunas enseñanzas pueden adoptar la forma de otros maestros, situaciones o experiencias. Otras enseñanzas pueden proceder de experiencias internas, mientras te sientas tranquilamente y profundizas en tu práctica. Conforme empieces a confiar en esa relación, te sentirás cada vez más sorprendido por esa presencia y conciencia. Pide a tu gurú que te guíe, y empezarás a ver cómo cada situación vital es una enseñanza de tu gurú para asumirla tú mismo.

En la India se comprende que tú no buscas al gurú. Por el contrario, es el gurú quien te encuentra.

Un gurú es diferente de un maestro. El maestro señala el camino; el gurú *es* el camino. El gurú te llama desde el más allá. Es alguien (hombre o mujer) que ha terminado todo. Un maestro, en cambio, es alguien (o algo) que se encuentra a tu lado y que te indica tu camino.

La mayoría de la gente llama gurús a maestros cuyo ganso aún no está cocinado del todo. La probabilidad de encontrar a un gurú totalmente experto es bastante difícil. La mayoría de los maestros aún trabajan con su propio karma; les faltan cosas por resolver. Un maestro puede ser alguien a través del cual llega una enseñanza, aunque él mismo puede no *ser* la verdad total.

Desde tu punto de vista, si buscas la verdad con un corazón puro, separas la pureza del mensaje de un maestro del material de su karma. Esa discriminación se desarrolla conforme escuchas a un gurú en tu interior, en tu Yo. Después acoges la verdad del maestro y trabajas con ella, y la utilizas para progresar en tu camino. El resto es su karma.

Incluso tus enemigos pueden ser maestros que te despiertan en un lugar que no conoces, que necesitas para integrarlo en tu conciencia. Te ayudan a liberarte de aquel lugar y a llevarte bien con él. Si ves todo en el universo como una forma de trabajar en tu propia conciencia –aunque sea donde te muestran que estás inconsciente o durmiendo–, entonces todo y todos en el universo se convierten en tu maestro y en un medio para despertar.

Mis propios maestros llegaron con todo tipo de aspectos. Hace algunos años John y Toni Lilly me invitaron a nadar con sus delfines, Joe y Rosie. Todo el mundo quería nadar con delfines, y yo también quería hacerlo, aunque no estaba seguro del todo por qué. Cuando me dirigí hacia el tanque de retención, hacía un día frío y gris. Pensé que tal vez eso no fuera para mí. Pero había personas mirando, y, después de todo, se trataba de Ram Dass nadando con los delfines.

Entré en el agua, y esos enormes seres pasaron muy cerca zumbando a mi lado. Eran bastante intimidantes. Yo estaba nadando en el agua y sintiéndome fuera de mi medio natural. Un poco después, uno de los delfines, Rosie, merodeaba a mi izquierda, y yo extendí el brazo y la toqué. Suponía que cuando tocas a una criatura salvaje, se siente sorprendida o irritada y se aleja. Pero Rosie no se alejó.

Empecé a acariciar la espalda de Rosie. Era maravillosamente suave, como la seda, muy porosa. La acaricié algo más. El modelo de criatura salvaje que yo tenía había dejado de existir. Según ese modelo, ella no me habría permitido acariciarla porque estaba haciéndolo con una presión considerable en ese momento. Entonces mi mente se dejó llevar y empecé a experimentar el éxtasis con sólo estar con Rosie. Después se sumergió en la parte inferior de la piscina, pero yo permanecí en la superficie. Cuando no la seguí hacia abajo, ella volvió para recogerme. Cuando por fin me dejé llevar, Rosie se puso erguida, en posición vertical dentro del agua, y presionaba mi estómago con su estómago.

Observé que todo el mundo me miraba con mi estómago presionado por el estómago del delfín, y me pregunté: «¿Es esto legal? ¿Es ético?». Me encontré colocando mis brazos en torno a ella y besándola en la boca, diciendo: «¡Oh, Rosie!». Yo me encontraba en estado de éxtasis. Me di cuenta de que ella, como uno de mis maestros, me sacaba de mi mente hacia la plenitud del momento que forma parte del misterio de la iluminación.

Hay enseñanzas por todas partes. Tu gurú está esperándote para que estés preparado para él o para ella. No tienes por qué salir corriendo hacia la India, porque el gurú y la enseñanza están siempre donde estás tú, justamente aquí y ahora.

RELACIONES DIVINAS

La devoción es un asunto de amor entre tu alma y Dios. K. K. Sah, uno de los seguidores más íntimos de Maharaj-ji, llevaba con él desde la niñez. Maharaj-ji le asignó la tarea de cuidar de mí, y me llevó a vivir a su casa en mis primeros días en la India. Esto es lo que escribe sobre la devoción:

> La devoción es fácil y natural, y no tiene normas difíciles ni rápidas sobre cómo se debe meditar. Mediante la devoción se puede alcanzar el secreto del amor en sí mismo. En su camino, el aspirante ve el universo como la propia expresión de su Amado. Lo único que requiere es fe, fe implícita. No hay que argumentar nada, está más allá de la lógica. Es como aprender a nadar; una persona no puede echarse al agua a menos que sepa nadar, y nadar es imposible sin entrar en el agua.

Estas son diversas actitudes con las que podemos acercarnos al Amado. Puedes sentir como si Dios fuera tu hijo, como el sentimiento de Yashoda (la madre de Krishna) hacia su hijo Krishna, o el sentimiento de María hacia el bebé Jesús. O bien puedes considerar a Dios como a un amigo. De nuevo tenemos la actitud del siervo hacia su Maestro, en la que servimos al Señor como Hanuman sirve a Lord Rama en el Ramayana. Después tenemos la actitud del amante, donde ves a tu Amado con el amor de un esposo o una esposa... Convertirse en la novia de Dios, como Gopis jugando con Lord Krishna, o Santa Teresa, la pequeña flor, casada con su amado Jesús. Por último, tenemos la actitud de la tranquila contemplación de los grandes santos y sabios, los antiguos yoguis de la India.

Hay muchas formas de abrirte a ti mismo, a hacerte más receptivo hacia este amor por Dios. Una forma es mediante el satsang, la compañía de santos, entrar en contacto con el espíritu vivo de la verdad y el amor en otros seres. Deleitarse con las historias e incidentes de Dios en Sus numerosas formas y encarnaciones –como la vida de Cristo, Rama o Krishna– también puede aportar este amor. O sirviendo humildemente a los pies del gurú, el seguidor puede eliminar su ego en el sometimiento a Dios. Y constantemente cantando Su nombre y Sus alabanzas concentra aún más la mente y el corazón en Él. Para el seguidor, la simple repetición del Nombre de Dios conlleva Su Presencia. Entonces, con una firme fe, se cruza el océano del deseo en el barco que lleva su Nombre.[5]

MAHARAJ-JI

El método del gurú se llama *guru kripa*, que es la forma específica de bhakti yoga que se centra en el gurú y en las bendiciones o gracia (kripa) del gurú. La mayor parte del tiempo paso el rato con mi gurú,

5. Krishna Kumar Sah, «Bhakti» (Malibu, CA: Love Serve Remember Foundation, 2011). Permiso de reproducción concedido por el traductor.

aunque él ya no esté en su cuerpo. Los pensamientos y recuerdos de él me llegan mil veces al día. Puedo estar sentado con alguien, y se convierte en mi gurú, una y otra vez. Consiste sólo en pasar el rato con este increíble ser de amor, de conciencia, de presencia. Es una forma de abrirme a esas cualidades. Es un proceso de entrega a ese lugar de amor incondicional.

La esencia de una relación con un gurú o maestro espiritual es el amor. El gurú despierta en nosotros un amor increíble, y después utiliza ese amor para ayudarnos a escapar de la ilusión de la dualidad.

La relación entre el gurú y el *chela* («seguidor») fue descrita de forma muy bella por Ramana Maharshi: «Es como un elefante despertándose porque ve a un león en un sueño. Del mismo modo que la aparición del león en sueños es suficiente para despertar al elefante, igualmente la visión de la Gracia del Maestro es suficiente para despertar al devoto del sueño de la ignorancia y aportarle el Conocimiento de lo Real». En otras palabras, el gurú, como entidad separada, existe sólo dentro de la ilusión de la separación, en el sueño. En cuanto el método del gurú ha funcionado y te despierta, se autodestruye automáticamente.

La relación entre un gurú y un chela no tiene nada que ver con el intelecto, en absoluto. Tal vez creas que te estás entregando, pero en realidad no hay ninguna elección. Hay sólo karma profundo desplegándose para que seas atraído por el gurú cuando llegue el momento.

Al principio, todo lo que quería hacer era estar con mi gurú, observar su forma y tocar sus pies. Poco después, el amor fue distinto, no menos intenso, pero con menos relación con la forma, hasta que me sentí muy realizado con sólo estar a cierta distancia de él. Y, conforme pasó el tiempo, siguió profundizándose cada vez más y ya no me importaba si yo me encontraba con su forma. Conforme se hizo más profunda, ya no consistía en un hombre de la India: era la esencia del estatus del gurú. Empecé a experimentarla en mí mismo, en lugar de sentirla como una relación con él como un ser externo. Toda la dinámica de la relación cambiaba conforme iba profundizando, mi corazón se abría y mi entrega era mayor. He dicho medio en broma que adoré su forma, hasta que me di cuenta de que su forma era sólo la jamba y que yo estaba adorando jambas. Mientras miraba a través de esa puerta de entrada, cada entrega me llevaba más adentro. Era un método que me llevaba de vuelta a mí mismo y más allá de la forma.

El gurú refleja constantemente esa parte de nosotros que está más allá de la forma. Ese proceso también ilumina el polvo de nuestro propio espejo, las impurezas e imperfecciones de nuestra individualidad que nos impide convertirnos en uno, vivir plenamente en ese lugar de puro ser y amor incondicional. A veces, durante un momento, el gurú lo iluminaba para que pudiéramos echar un vistazo.

Recuerdo estar en el patio delantero de una humilde casa de las colinas cuando Maharaj-ji llegó de forma inesperada. Me dijeron que me quedara fuera, así que tuve la oportunidad de ver llegar a otras personas. Parecían llegar prácticamente de ningún sitio, procediendo de todas las direcciones. Las mujeres corrían, limpiándose las manos de harina en sus delantales y llevando a sus niños medio vestidos. Los hombres dejaban sus tiendas sin atender. La gente recogía flores de los árboles mientras venían, para tener algo que ofrecer. Llegaban con un sentimiento de expectación, con una alegría y reverencia que no podían ocultarse.

Vi llegar a principiantes, algunos escépticos con preguntas que hacer. Vi abrirse tiernamente sus corazones, y esta cualidad suave, similar a la de las flores surgir bajo el atento cuidado del maestro jardinero. Maharaj-ji tocaba el corazón de cada persona de una forma especial para ese individuo. La experiencia de todo el mundo con él era diferente. Por eso no se puede explicar cómo era estar con él. Todo el mundo tenía su propia conexión de su corazón.

¿Cómo puedes describir a un ser como Maharaj-ji? Es como intentar describir el dulzor de una fruta o la fragancia de una rosa. Cuando yo estaba con él, no había otra cosa que el Maharaj-ji: era una adoración total, pero sin esfuerzo. Krishna Das recuerda: «Nos levantábamos contra nuestros miedos y nuestras cosas, y entonces él acababa con ellas gracias al amor. Maharaj-ji simplemente te miraba y se reía, y tú te olvidabas de tus problemas». Era como un imán de amor que nos atraía a todos. Y ese amor era su verdadera enseñanza.

Para algunos seguidores, lo que destaca es la valiosa intimidad que surge de experimentar otro ser en el mismo espacio que ocupa tu propio ser, como el susurro de un amante que conoce tu corazón más íntimo. Cuando te encuentras en presencia del amor incondicional, estás en el entorno óptimo para que se abra tu corazón. En el momento en que se abre tu corazón, de nuevo te dejas llevar por el flujo, y ese flujo es donde experimentas a Dios. Ésa es la experiencia de ser con Maharaj-ji. Tal vez tu experiencia con tu Amado también sea similar.

Meher Baba, en *Life at Its Best*, decía: «Los seguidores deben mantener vivo y radiante su amor por su gurú, convirtiéndole en su compañero constante en todos sus pensamientos, palabras y acciones, mientras continúan con sus responsabilidades, compromisos y otras cosas aparentemente necesarias de este mundo».

EL SENTIMIENTO DE LA DEVOCIÓN

> Te mantendré en mi aliento
> Por lo que te convertirás en mi vida.[6]
>
> RUMI

Swami Muktananda, en gurú kripa *sadhana*, solía meditar intensamente sobre su gurú, Nityananda. Se visualizaba llevándole en su propio cuerpo, hasta que él mismo se convertía en Nityananda. Tan extasiado estaba en su devoción por su gurú que había ocasiones en que no sabía si era Muktananda o Nityananda.

Algo de ese sentimiento de devoción procede de las Odas de Salomón del siglo I:

> Mi corazón se dividía, aparecía una flor;
> y brotaba la gracia; y ofrecía fruta para mi Dios.
> Tú me divides, mantenías mi corazón abierto,
> me llenabas de amor.
> Vertías tu espíritu dentro de mí;
> yo te conocía como me conozco a mí mismo.

6. Rumi, *Whispers of the Beloved*, traducido al inglés por Mafi Maryam y Azima Melita Kolin. (Londres: Thorsons, 1999) 99.

...

Mis ojos irradian con tu espíritu;
mis fosas nasales se llenan con tu perfume.
Mis oídos se deleitan con tu música,
y mi cara queda cubierta con tu rocío.
Benditos sean los hombres y las mujeres
que están plantados en tu tierra, en tu jardín,
que crecen como lo hacen tus árboles y flores,
que transforman su oscuridad en luz.
Sus raíces se hundían en la oscuridad;
sus caras se volvían hacia la luz.

...

Hay un espacio infinito en tu jardín;
todos los hombres, todas las mujeres, son bienvenidos aquí;
todo lo que necesitan hacer es entrar.[7]

HANUMAN, SIERVO DEVOTO DE RAM

El poema épico de la India, el *Ramayana*, es una leyenda en la que Dios adopta la forma física de un príncipe guerrero para guiar a la humanidad y fortalecer nuestra fe. Es una historia de gracia. La leyenda dice que fue escrita por primera vez en sánscrito, hace 2000 años, por el sabio poeta Valmiki. Una versión hindú vernácula de Tulsi Das se recita y se representa en los hogares y templos de la India, y en festivales anuales. Es como la Biblia del norte de la India. Se puede leer el *Ramayana* a muchos niveles, como un evento histórico real o como una historia romántica de la guerra entre el bien y el mal. También se pueden tomar los personajes como arquetipos simbólicos de fuerzas sagradas y seculares, el alma y el ego, la verdad de dharma y la ilusión del deseo, todo lo cual lucha en nuestro interior. Es una obra multinivel del espíritu viviente que mueve nuestros impulsos hacia la divinidad.

7. De «Odes of Solomon», *The Enlightened Heart: An Anthology of Sacred Poetry*, editado por Stephen Mitchell. (New York: Harper & Row, 1989) 24-25. Permiso de reproducción concedido por el editor.

Uno de los personajes principales del *Ramayana* es el dios mono, Hanuman, que es el siervo perfecto y un gran seguidor de Ram: Dios en la forma humana de un príncipe. Hanuman representa nuestra naturaleza simiesca inferior al servicio del Yo más elevado. Hanuman dice a Ram: «Cuando no sé quién soy, te sirvo. Cuando sé quién soy, tú y yo somos uno».

Hanuman

Ram y su mujer, Sita, y su hermano, Lakshman, fueron deportados al bosque durante catorce años en circunstancias extraordinarias. (Tendrás que leer el libro si quieres conocer todos los detalles). Sita, la esposa perfecta, que es también el alma y la madre tierra, el shakti o poder de Dios, es robada, secuestrada por Ravana, un dios demonio que es el tipo malo de la historia. Ravana está lleno de ego y orgullo. Tiene diez cabezas, y cada una de ellas está llena de poder. Ram, aunque es Dios sobre la Tierra, se siente desconsolado porque también tiene esposa. (Como marido pierde a un ser querido, aunque no como Dios).

Buscando a Sita, Ram consigue la ayuda de los osos y los monos, que también son personajes humanos. El mono principal que le ayuda es Hanuman. Ellos buscan a Sita y al final confirman que ha sido llevada por Ravana a la isla de Sri Lanka (que se llamaba Ceilán), en la costa sur de la India.

Hay un océano entre la India y Sri Lanka, y cuando los monos y los osos llegan a la orilla, no saben cómo cruzar para rescatar a Sita. Discuten entre ellos, y cada uno tiene una razón por la que no puede saltar. Alguien tiene que saltar el océano; no hay tiempo para nada más.

Por último, se vuelven hacia Hanuman, quien permanece sentado, más bien resignado. «Hanuman, no has dicho nada».

Ahora, Hanuman está bajo los efectos de una maldición debido a una travesura que cometió cuando era un mono joven y sin querer molestó a un yogui. De otro modo tendría todo del poder el universo, ya que vive sólo para servir a Dios.

Pero está maldito y no tiene conciencia de su propio poder (del mismo modo que tú o yo en realidad no conocemos nuestro verdadero poder interno). Uno de sus compañeros dice: «Hanuman, tienes poder para saltar el océano».

Él dice: «Vaya, ¿es verdad? Oh, sí, por supuesto, puedo saltar sobre el océano».

En ese momento empieza a crecer de tamaño desde un mono normal hasta una forma enorme, enorme. Esto es en realidad sólo un símbolo del salto de fe que cada uno de nosotros tiene que hacer para tener fe en nosotros mismos y fe en el universo, fe en el flujo de las cosas, para llegar más allá de nosotros mismos.

Hanuman salta sobre el océano, siguiendo el mensaje de Ram, para localizar a Sita y asegurar a ésta que Ram no la ha olvidado. Sita, la perfecta seguidora de Ram, representa a todos los devotos. Hanuman sirve a Dios recordando al devoto que debe tener fe, que Dios seguramente no pueda olvidarnos.

Esto pertenece a la versión del *Ramayana* de William Buck:

En su mente, Hanuman ya había cruzado el mar y había entrado en la ciudad de los demonios. Subió a una de las colinas de Malaya para tener terreno firme bajo sus pies. Empezó a llenarse de poder. Se volvió muy grande y pesado, y sus pisadas presionaron la colina y rompieron las cuevas de las serpientes. Del mundo inferior salieron los Nagas, vestidos con ropas caras [los dioses de las serpientes], heridos y refunfuñando, con sus capuchas extendidas. Llenos de ira, rodaron por el suelo con sus lenguas ardiendo. Escupían fuego y rompían las rocas con su fuerza. Su veneno destrozó la montaña, y del interior de la Tierra surgió un brillo de metal y de piedras de color rojo.

Hanuman subió más alto. Con sonrisas de asombro, los celestiales Gandharvas [los músicos astrales] y sus Apsarasas viajaron medio vestidos desde la colina hacia el cielo, y miraron hacia abajo para observar. Hanuman ascendió por las laderas, donde las espadas de Gandharva y sus togas de brillantes colores estaban colgadas sobre árboles, y había sobre el suelo copas de vino doradas, y platos de plata en jardines sombríos, que escondían las camas de pétalos de loto de los amantes.

Hanuman se aproximó a la cumbre. Sus pies exprimían agua de la colina. Los ríos corrían, las rocas se desprendían, las vetas de oro resplandecían, los tigres corrían y los pájaros volaban. Los espíritus de los árboles huían, y en sus guaridas los gatos salvajes gritaban en un horrible coro, como el propio grito de la montaña a través de todos sus animales.

Hanuman subió a la cima. Retuvo el aliento y aspiró por su estómago. Jugueteó con su cola y la elevó un poco al final. Se puso de rodillas, echó hacia atrás sus brazos y en un dedo brillaba el anillo dorado de Rama [que llevaba para Sita]. Entonces, sin pararse a pensar, acortó el cuello, echó hacia atrás sus orejas y saltó.

¡Fue enorme! Fue el salto más grande de la historia. La velocidad del salto de Hanuman arrastró flores por el aire detrás de él, y caían como pequeñas estrellas sobre las ondulantes copas de los árboles. Los animales de la playa nunca habían visto tal cosa; animaron a Hanuman, después el aire quemaba a su paso, nubes rojas flameaban en el cielo y Hanuman dejó de poder ser visto desde la tierra.

Ese mono blanco era como un cometa, empujando al cielo a su paso y echando a un lado a las nubes. El viento rugía bajo sus brazos, lo empujaba con su pecho conforme pasaba, y hacía que el océano bufara y rodara. Se elevaba espuma del mar y llegaba hasta el Sol. Bajo Hanuman, mientras viajaba, se elevaba el agua salada y verde, y podía ver a las ballenas y los peces como personas sorprendidas en casa. El aire en torno a Hanuman se volvió eléctrico, y láminas de luz chocaban y crujían: azul, verde claro, y naranja y rojo parpadeantes.

A medio camino hacia Lanka, se situaba la dorada montaña Mainaka sobre la superficie del océano, y desde debajo del mar vio llegar a Hanuman y pensó que estaría cansado...

«Descansa un poco», dijo Mainaka. «Déjame pagar mi antigua deuda a tu padre, el Viento...».

«Perdóname, pero no debo detener mi vuelo», dijo Hanuman.[8]

¡Vaya salto tan glorioso! Un salto en lo desconocido, un salto más allá de la capacidad de Hanuman, un salto más allá de lo que pensaba que era. Tu propio salto –tu salto hacia la vida, hacia la muerte, hacia el próximo momento, hacia la libertad– procede del abandono del modelo de quién crees que eres. ¿Quién eres tú? ¿Eres una persona sincera? ¿Eres un payaso? ¿Has estado siempre riendo? ¿Has estado triste el tiempo suficiente? ¿Es todo muy pesado e importante? ¿O es una clase de luz y de juego? ¿Cómo funciona esta ronda para ti? Está toda abierta esta vez. Está completamente abierta.

Durante la vuelta de Hanuman, después de haber encontrado a Sita y de nuevo haber saltado sobre el océano, Ram reza y lo acoge en un momento de afecto divino. Hanuman, siempre el humilde servidor, responde: «¡Sálvame, sálvame de los tentáculos del egoísmo, señor mío!».[9]

---

8. *Ramayana*, William Buck. (The Regents of the University of California: University of California Press, 2013). Págs.182-184, 348-349. Permiso de reproducción concedido por el editor.
9. Sri Ramacaritamanasa (Gorakhpur, India: Gita Press, n.d.), Descent V (Sundara Kānda), verso 32, 795.

Ram dice: «Mientras los hombres hablen sobre ti, vivirás en la Tierra. Nadie puede igualarte. Tu corazón es sincero; tus brazos son fuertes; tienes energía para hacer de todo. Me has servido fielmente y has hecho cosas para mí que no podían hacerse».

«No es nada», dijo Hanuman, «soy tu amigo, eso es todo».

Hanuman es la conexión entre el bhakti yoga, el yoga de la devoción, y el karma yoga, el yoga de la acción y el servicio desinteresado. Puede conseguir cualquier cosa gracias a la pureza de su amor por Dios. Cuando repite el nombre de Ram, Hanuman recuerda quién *es*, y cuando hace cosas en el nombre de Ram, nada se interpone en su camino. Servir como lo hace Hanuman es una forma de convertir toda la vida en un ofrecimiento, un acto de devoción. Para Hanuman, cada acción es una oportunidad para colocar una flor a los pies de Ram, el Amado.

Maharaj-ji nos había hecho aprender «Hanuman Chalisa», cuarenta versos de elogio a Hanuman. El comienzo de «Hanuman Chalisa» (*véase* la invocación de la página 8) inspiró el título de este libro. Krishna Das, quien ha ayudado a extender el Chalisa por Occidente, dice: «Cantar el Chalisa es una forma poderosa... de entrar en el flujo del Amor y la Gracia. En el Chalisa nos inclinamos ante la gran belleza, fuerza y devoción que encarna Hanuman; también empezamos a inclinarnos ante ese lugar de nosotros mismos. El Chalisa nos inspira para que el espejo de nuestro corazón esté tan limpio como Hanuman, de forma que podamos ser conscientes de la gran belleza y amor que reside en nuestro interior como nuestra propia naturaleza verdadera».

Maharaj-ji dijo que Hanuma es el aliento de Ram.

Capítulo 3

Karma yoga, viviendo en el mundo

Una vez que echas el primer vistazo al Espíritu viviente, una vez que tu corazón se abre durante un momento al amor incondicional, todo en tu vida se convierte en molienda para el molino de tu despertar. Ese despertar nace de la conciencia del ego, tu ser limitado, hacia el Ser, el Espíritu universal presente en cada uno de nosotros, la conciencia de Dios. Es afortunado compartir juntos este camino del corazón.

Aunque experimenté una transformación importante en mi viaje, no es así cómo tiene lugar el viaje para todo el mundo, ni es necesaria una transformación tan rápida. Para muchas personas, su transformación interna tiene lugar mediante cambios sutiles durante largos períodos de tiempo. En cualquier caso, es una falacia pensar que estarás más cerca de Dios cambiando la forma externa de tu vida, dejando a tu pareja, cambiando de trabajo, mudándote a otro lugar, dejándote crecer el cabello o cortándotelo, o abandonando tus posesiones materiales.

No es la forma externa lo que cambia; es la naturaleza del ser interno que llena la forma. Si eres abogado, sigues siendo un abogado, pero empiezas a utilizar el hecho de ser abogado como forma de llegar a Dios. Una forma no es más espiritual que otra. El trabajo esencial de desarrollar una conciencia espiritual es tranquilizar la mente y abrir el corazón.

TU KARMA ES TU DHARMA

El juego de la iluminación comienza exactamente donde estés en tu vida en este momento. No consiste en rechazar ni huir de ninguna parte de tu vida. El juego consiste en poner tu vida en armonía en todos los niveles para actuar de acuerdo con el dharma, la ley del universo, la verdad, como todo *es*.

Tu karma es lo que te dan para hacer en tu vida, basado en acciones pasadas. Convertir tu karma en una práctica espiritual, usarlo para ir a Dios, es lo que convierte el karma en dharma, la vida en armonía con el espíritu. Desde una perspectiva espiritual, la intención y la forma de hacer algo son más importantes que el acto en sí. Cuando consigues tener toda tu vida en armonía a todos los niveles, actúas de acuerdo con el dharma. Otra forma de decirlo es que estás haciendo la voluntad de Dios.

Todas las formas de yoga son caminos para unirte con Dios. El karma yoga une toda la actividad de tu vida –trabajo, relaciones, servicio– para consumar esa unión. Cómo se te dé tu trabajo en el mundo determina si es un vehículo para tu despertar espiritual o para quedarte más atrapado en *maya*, aumentando la ilusión de la separación. El karma yoga utiliza acciones y servicios desinteresados como forma de poner tu vida en armonía con el Uno.

En el Bhagavad Gita, Krishna dice a Arjuna que haga lo que hace él, pero para ofrecer los frutos de sus acciones a él, a Krishna, a Dios. Usar tu vida diaria y trabajar en un camino conscientemente espiritual conlleva renunciar a tu apego a las consecuencias de tus acciones, a cómo se hacen públicas. En lugar de efectuarlo a cambio de una recompensa o un resultado, cumples tu trabajo como un ofrecimiento, por amor a Dios. Mediante el amor a Dios, tu trabajo se convierte en una expresión de devoción, de bhakti.

Querer servir a otros es también una forma de ofrecer tu trabajo a Dios. En el *Ramayana*, Hanuman expresa su devoción mediante su servicio a Ram. Hanuman ejemplifica esa combinación de bhakti (devoción) y karma yoga (acto de servir). Hanuman personifica la afirmación de Khalil Gibran: «El trabajo es amor hecho visible». Igual que Hanuman, sirves a otros como forma de honrar a Dios. Es una actitud que desarrollas, una actitud de ofrecimiento. Todas las acciones que realizas, las ofreces como un servicio desinteresado, «*seva*» en sánscrito. Del mismo modo, Cristo dice sobre el acto de servir: «Lo que hagas por cualquiera de mis hermanos y hermanas, lo haces por mí».

El seva no tiene ego en él; es todo alma. Cualquier acción puede ser seva. Todo lo que haces –cocinar, trabajar, cuidar el jardín...– es un acto que puedes ofrecer a Dios. Ofrecer tu trabajo y todas tus acciones a Dios quita diariamente vida al ámbito del ego y se la ofrece al Ser superior. El karma yoga es una gran práctica, en especial para nosotros, los occidentales, que somos tan adictos a hacer, porque nos abre al ser incluso mientras estamos haciendo. Dejar pasar al ejecutor aligera tu carga. Ni siquiera es ya tu carga. «No mi voluntad, sino Tu Voluntad».

> Dormía y soñaba que la vida era alegría.
> Desperté y vi que la vida era servicio.
> Actué y contemplé, el servicio era alegría.
>
> RABINDRANATH TAGORE

Busca a alguien o algo que necesite ayuda, y ofrécesela. Trabaja en ti mismo para convertirlo en un acto consciente de seva. Gandhi dijo: «El acto que realices puede parecer muy insignificante, pero es importante que lo hagas».

Otro término para el karma yoga es «acción correcta». En Occidente, el concepto de acción correcta es difícil de oír porque va en contra de nuestra cultura de logros y orientada a objetivos. En la India tienen un sentido muy profundo en cuanto a hacer lo propio del dharma de cada uno.

Desde esa perspectiva, es natural sintonizarse para estar en armonía con las leyes del universo. Tu vida es la parte que tú desempeñas. Pasas de ser la estrella de tu propio espectáculo a convertirte en actor de la obra divina.

Esa enseñanza de la Bhagavad Gita, de no coger apego a las consecuencias de tus actos, es la clave. Si eres un padre que cuida de un hijo, no te apegues al acto de criar a tu hijo. Eso no significa que no seas un padre cariñoso y activo. Tu tarea es amar y criar, alimentar y vestir, cuidar y salvaguardar la seguridad del niño, y guiarle con tus valores morales. Pero la forma en que el niño se presenta es como en realidad se presenta. En última instancia no es *tu* hijo; quien resulte ser depende de Dios y de su propio karma.

Tu *apego*, tu manera de aferrarte a cómo va a ser el niño, influye en todos los aspectos de tu forma de ser padre. Gran parte de nuestra ansiedad surge porque estamos vinculados a cómo se supone que va a ser el niño: inteligente, exitoso, creativo, lo que sea que queramos para nuestro hijo. Por supuesto, tú cuidas a tu hijo lo mejor que puedes. «Padre» es el papel que desempeñas porque ése es tu dharma, y naturalmente te sumerges en tu función en la vida. Pero también es importante recordar que eres un *alma* desempeñando una *función*. Quién *sea* tu hijo y quién *seas* tú no son roles.

Como ser consciente, haces todo lo que puedes para vivir en tu alma y para crear un espacio a fin de que otros también estén cómodos con su alma. Pero lo haces sin intentar cambiar el karma existente. No necesitas cambiar tu karma, sólo tu apego a él. El apego es lo que te mantiene atrapado en tu realidad limitada. Tu apego, al querer que tus seres amados sean distintos de lo que son, los mantiene iguales. Limítate a permitirles ser de la forma que son y a amarlos. Entonces podrán cambiar. Pero no depende de ti. Samuel Johnson dijo: «Quien tenga poco conocimiento de la naturaleza humana como para buscar la felicidad cambiando cualquier cosa que no sea su propia disposición malgastará su vida en esfuerzos inútiles».

Limítate a seguir trabajando en ti mismo hasta que irradies amor para cada uno de los seres de tu vida. Cuando irradies amor, entonces todos los demás se sentirán libres para abandonar sus cosas cuando estén listos para dejarlas. Del mismo modo que un jardinero experto, tú creas un espacio para que la gente crezca cuando estén listos para crecer. Como padre creas el jardín para que crezca un niño (por eso lo llaman jardín de infancia), pero tú no haces crecer las flores. Tú cultivas y fertilizas la tierra, y la mantienes libre de malas hierbas y húmeda, y después la flor crece de forma natural.

SIENDO TESTIGO DE TU PROPIO MELODRAMA

La esencia del karma yoga es liberarte del apego a los acontecimientos de tu vida, dejar de crear karma que te bloquea más, y liberarte de tu karma presente. En el momento en que tu conciencia capta algo, ya sea mediante atracción o mediante aversión, generas karma a partir de ese vínculo entre la conciencia y los actos (o pensamientos o emociones) que se derivan del deseo o la aversión. La acción que surge de la conciencia, no identificada con la atracción o la aversión, no genera karma. Karma es el efecto residual de un acto con apego. Sin apego, no hay karma.

> El Gran Camino no es difícil
> para los no apegados a las preferencias.
> Cuando no surgen el amor ni el odio
> todo es claro y evidente.
> Sin embargo, sepárate de la cantidad más pequeña,
> y estarás tan lejos de ella como el cielo de la Tierra.
>
> Si deseas saber la verdad,
> entonces no tengas opiniones a favor ni en contra.
> Establecer lo que te gusta contra lo que te disgusta
> es la enfermedad de la mente.
>
> Cuando no se reconoce la naturaleza fundamental de las
> cosas,
> la paz esencial de la mente se perturba inútilmente.
> ...
> Cuando intentas detener la actividad para lograr quietud,
> tus mismos esfuerzos te llenan de actividad.
> ...
> No permanezcas en un estado dualista,
> evita con cuidado ese tipo de hábitos.

Si te apegas incluso a una traza
de esto y eso, de lo correcto y lo incorrecto,
la esencia de la mente se perderá en la confusión.
Aunque todas las dualidades surgen del Uno,
no te sientas apegado ni siquiera a ideas de este Uno.

Cuando la mente existe imperturbable en el Camino,
no hay objeción a nada en el mundo,
y cuando no hay objeciones a nada,
las cosas dejan de ser, al viejo estilo.[10]

SENG-TS'AN, DE *HSIN-HSIN MING, VERSOS SOBRE LA FE-MENTE,*
TRADUCIDOS AL INGLÉS POR RICHARD B. CLARKE

Una forma de liberarse de los apegos es cultivar la conciencia testigo, convertirte en un observador neutral de tu propia vida. El testigo de tu interior es la simple conciencia, la parte de ti que es consciente de todo: sólo observando, vigilando, no juzgando, tan sólo estando presente, siendo aquí y ahora.

El testigo es en realidad otro nivel de conciencia. El testigo coexiste junto con tu conciencia normal como otra capa de conciencia, como la parte tuya que está despertando. Los humanos tienen esta habilidad única de encontrarse en dos estados de conciencia al mismo tiempo. Ser testigo de ti mismo es como dirigir el haz de luz de la linterna hacia sí misma. En cualquier experiencia –sensorial, emocional o conceptual– está la propia experiencia, los datos sensoriales, emocionales o de pensamientos, y está tu conciencia de ella. Eso es el testigo, la conciencia, y puedes cultivar esa conciencia en el jardín de tu ser.

El testigo es la conciencia de tus propios pensamientos, sentimientos y emociones. Ser testigo es como despertarte por la mañana, mirarte al espejo y observarte, no juzgando ni criticando, sólo observando neutralmente la cualidad de estar despierto. Ese proceso de apartarte

---

10. Seng-t'san, el tercer patriarca chino de Zen, *The Hsin Ming, Verses on the Faith-Mind*, traducido al inglés por Richard B. Clarke (Buffalo, NY: White Pine Press, 2001). Permiso de reproducción concedido por el traductor.

te evita estar sumergido en tus experiencias, pensamientos y datos sensoriales, y en tu autoconciencia.

Junto con esa autoconciencia llega el sutil juego de estar sólo aquí, vivo, disfrutando de estar presente en este momento. En algún momento, flotando en esa conciencia subjetiva, se disolverán los objetos de la conciencia y llegarás al Yo espiritual, al Atman, que es pura conciencia, alegría, compasión, el Uno.

El testigo es el dispositivo para que te centres. Guía el trabajo que haces en ti mismo. Una vez que entiendes que hay un lugar en ti que no está vinculado, puedes liberarte de los apegos. Gran parte de lo que observamos en el universo es un reflejo de nuestros apegos.

Jesús nos advirtió: «No almacenéis tesoros en la Tierra, donde las polillas y la herrumbre corrompen todo... Donde esté tu tesoro, también estará tu corazón». El deseo crea tu universo; ésa es la forma en que funciona. Por ello, tu primera tarea es trabajar en ti mismo. Lo mejor que puedes hacer por otro ser humano es ordenar tu propia casa y encontrar tu verdadero corazón espiritual.

Después de meditar durante algunos años, empecé a observar los patrones de mi propia conducta. Conforme tranquilizas tu mente, empiezas a ver más claramente la naturaleza de tu propia resistencia, tu adhesión. Ves las luchas mentales, los diálogos internos, las autonarraciones, las formas en que procrastinas o te resistes a los cambios vitales. No intentes cambiar los patrones; limítate a observarlos. Cuando cultives el testigo, las cosas cambiarán. Tú no tienes que cambiarlas. Cuando estás aquí y ahora, en una cariñosa conciencia, las cosas cambian.

Cultivando la conciencia testigo, desplazas la identificación de tu ego a tu alma. Tu alma está en un corazón espiritual. El alma es testigo de la encarnación. Si sigues siendo testigo, tu alma es testigo de tus sentimientos, tus deseos, tus experiencias, sin identificarse con esos deseos o actitudes o cualquiera de esas cosas. Entonces puedes contemplar el espectáculo. Siéntate desprendiéndote de tu ego y de tus otros pensamientos, y limítate a ver el programa de tu encarnación como una película, disfrutando de los personajes y amando el melodrama. Las cosas son como son. Me gusta sentarme con mi gurú dentro de mi corazón. Es un amigo del alma cariñoso, comprensivo, pacífico y sensato. Tú también puedes tener un amigo del alma –dentro de ti–, un gurú o un buen amigo espiritual para mantenerte orientado hacia Dios.

Piensa en el testigo como en tu gurú interno, iluminando silenciosamente los trabajos de tu mente. Está este tranquilo lugar, esta entidad consciente que merodea y te enseña: «Oh, te has puesto tenso». Sin juzgar, como en «eres un fracasado, tonto. Te has vuelto a poner tenso», sino sólo «de acuerdo, te has vuelto a poner tenso. ¡Qué interesante!».

La forma más rápida de comunicarte con lo que llevas dentro es aprender a escuchar ese lugar de tu interior. El gurú interno está siempre ahí para ti, una vez que lo reconozcas. Tienes que honrar tu propio camino y poder confiar en que hay un lugar dentro de ti que sabe qué es lo mejor. Hay una tendencia a pedir ayuda a otros, pero en realidad sólo tú sabes lo que es adecuado para ti. Confía en tu corazón intuitivo. Los cuáqueros lo identifican con la pequeña y tranquila voz interior. Cuando hable, escúchala. Si mientras escuchas la intuición de tu corazón te sientes bien al hacer algo, hazlo.

Ser testigo es una puerta de entrada a tu corazón espiritual, a la conciencia de tu alma. Cuanto más caso hagas a tu testigo interior, en mayor medida dejarás de vivir siguiendo los juicios y las expectativas de la gente. Empiezas a hacer lo que necesitas hacer. Al tratar de decidir qué hacer con tu vida, escucha a tu corazón. Cuanto más vivas en tu corazón espiritual, más te verás a ti mismo y a los demás desde la perspectiva del alma. Ver las cosas como hace un alma lo cambia todo. El programa es mucho más extenso de lo que puedes pensar. Yo nunca creí que sería un yogui.

Cada uno de nosotros tiene su dilema kármico único, su tarea única por hacer. El dilema es que no hay lugar donde permanecer, porque nuestra identificación con la persona que tiene el karma también está cambiando. Mientras desarrollas el hecho de ser testigo y te identificas más con tu corazón espiritual, el karma simplemente *es*. A medida que despiertas, te das cuenta de que tu karma personal sólo es otra ilusión. La ilusión es que ésta es la única realidad. El testigo te ayuda a ver que hay alternativas, distintas formas de percibir la realidad.

Cuando te preparas el té de la mañana o viertes el agua en la cafetera para tu familia, ¿eso es todo? ¿O es Dios vertiendo a Dios en Dios para servir a Dios? Elije siempre lo que sientas que está en su mayor parte vinculado con el Camino de las cosas, el Tao, tu dharma.

TODO QUEDA EN FAMILIA

Allá por los años setenta editamos una caja de discos llamada *Amar, Servir, Recordar*. Era una caja realmente hermosa, con seis discos y un bonito libreto con textos, fotos y dibujos. Mi padre, abogado y CEO, la miraba y decía: «Es muy buena. ¿Por cuánto la vendéis?». Le dije que la vendíamos por un poco más de lo que costaba producirla. Dijo: «Sabes, podrías cobrar mucho más por esto. Lo vale, y podrías ganar más dinero».

Pregunté a mi padre cuánto cobraba a mi tío Henry cuando le representaba en algún asunto legal. Contestó: «Bueno, por supuesto que no le cobro nada. Es el tío Henry. Es de la familia». Le dije que ése era también mi dilema: «Yo veo a todos como al tío Henry». De la forma en que lo veo, todos somos una familia. Ahora bien, que en realidad pueda vivir como si todo el mundo fuera mi familia y todos fuéramos uno depende de lo atrapado que me encuentre en mi individualidad, y de si veo a los demás como «nosotros» o como «ellos». Por supuesto, cómo ves a los demás empieza por cómo te ves a ti mismo. Quién crees que eres es cuestión de perspectiva. Me gusta la historia sobre un sufí de mal aspecto llamado Nasrudin, que intenta hacer un negocio en un banco. El cajero le pregunta si puede identificarse. Él saca un espejo y dice: «Sí, soy yo».

No te tomes tan seriamente tu melodrama. Recuerda quiénes somos en realidad, es decir, almas, no egos. El ego es *quien crees que eres*. Quien crees que eres morirá con el cuerpo porque forma parte de esta encarnación. Pero tu alma, que tiene las cualidades de la sabiduría profunda, el amor, la paz y la alegría, está justo aquí, viendo todo pasar.

De nuevo, el karma yoga no consiste en renunciar a las acciones externas, sino en renunciar a tu apego por ellas. Estamos hablando en realidad sobre dejar de ser el personaje principal de tu propio melodrama, quién crees que eres y cómo crees que es. Toda esta autonarración del ego es lo que mantiene en marcha tu melodrama personal.

El ego no es bueno ni malo. El ego tiene una función. Es el vehículo mediante el que te relacionas con el mundo externo. Pero el ego es una recopilación de pensamientos, y en la medida en que te identifiques con tus pensamientos, te impiden estar aquí ahora. Una vez que dejas pasar la identificación con tus pensamientos, el melodrama continúa, pero ya no es *tu* melodrama. Valora las experiencias, pero no te quedes atrapado en ellas.

El arte del crecimiento espiritual tiene que ver con lo rápidamente que te das cuenta de los apegos y la rapidez con que te liberas de ellos. Si puedes admitir que no puedes ver u oír claramente por culpa de un apego, entonces la sabiduría plena de las cosas comenzará a brillar. Siempre que tengas algún deseo sobre cómo piensas que debería ser, no podrás oír cómo *es*.

Una historia zen sobre un monje que vivía en un monasterio en las colinas sobre una ciudad ejemplifica la vida sin apegos. Una chica del lugar quedó embarazada por un pescador, pero ella no quería crear problemas al pescador, por lo que dijo que el monje de la colina era el padre. Los habitantes subieron al monasterio con antorchas y llamaron a la puerta. El monje abrió la puerta y ellos dijeron: «Éste es tu hijo. Debes criarle». El monje dijo: «Aahh, de acuerdo». Y cogió al bebé y cerró las puertas. Nueve años después, la chica se estaba muriendo, pero no quería morir sin confesar esa terrible injusticia, así que se lo dijo a la gente. Se sintieron mortificados y corrieron y llamaron a la puerta. El monje abrió la puerta y ellos dijeron: «Lo sentimos mucho. No era tu hijo. Hemos venido a aliviarte de esta responsabilidad». Y él dijo: «Aahh, de acuerdo».

RELACIONES Y EMOCIONES

Desde la perspectiva del alma llegamos a apreciar que cada uno de nosotros vive según su propio karma. Interactuamos, y esas interacciones son la provisión para despertarnos los unos a los otros. Desde el punto de vista de la personalidad, desarrollas juicio, pero desde el punto de vista del alma desarrollas valoración. Este cambio de enjuiciamiento a valoración –valorarte a ti mismo, cuál es tu dilema kármico y quiénes son los demás seres con sus propios karmas– traslada todo a una sencilla conciencia de amor. Ser libre significa abrir tu corazón y tu ser a la plenitud de la que formas parte, porque sólo cuando descansas en el lugar de la unidad puedes de verdad honrar y valorar a los demás y a la increíble diversidad del universo.

Cuando celebro una boda, la imagen que invoco es la de un triángulo formado por los dos miembros de la pareja y esta tercera fuerza, que es el amor compartido que los une y los rodea. En el yoga de la relación, dos personas se unen para encontrar ese amor compartido, pero siguen bailando como si fueran dos. En esa unión, ambas personas están separadas y no obstante no están separadas. Su relación alimenta su individualidad única y su unidad de conciencia. El amor puede abrir el camino para someterse a la unidad. Se vuelve extraordinariamente hermosa cuando ya no hay «yo» ni «tú» y se convierte simplemente en «nosotros».

Llevado a un nivel más profundo, cuando se desarrolla totalmente la compasión, no miras a los demás como «ellos». Estás escuchando, experimentando y dejando que esa parte intuitiva de ti se mezcle con la otra persona, y tú sientes su dolor, alegría o miedo en ti mismo. Entonces ya no hay diferencia entre «nosotros» y «ellos», sino que todos somos «nosotros». Practica esto en tus relaciones con los demás.

En cierto momento te das cuenta de que ves sólo las proyecciones de tu propia mente. El juego de los fenómenos es una proyección del espíritu. Las proyecciones son tu karma, tu currículum para esta encarnación. Todo lo que te ocurre es una enseñanza diseñada para agotar tu material, tus apegos. Tu humanidad y todos tus deseos no son ningún tipo de error. Son partes integrales del viaje.

Una forma de llegar a este lugar de acción compasiva es honrando a los demás y siendo paciente. Mira a las personas que no te gustan y ponlas como ejercicios para abrir tu corazón espiritual y desarrollar tu compasión. Cuanto más tranquilo estés, mejor oirás la verdadera naturaleza de la compasión. El corazón de compasión intuitiva es la puerta de entrada a nuestra unidad.

Esta historia del maestro de aikido Terry Dobson es una de mis favoritas porque muestra cómo lograr la armonía acogiendo el conflicto con compasión y comprensión:

Un día tranquilo de primavera, por la tarde, el tren rechinaba y traqueteaba por los suburbios de Tokio. Nuestro vagón estaba más bien vacío, unas cuantas amas de casa con sus hijos en brazos, algunas personas mayores que iban de compras. Yo miraba ausente a las anodinas casas y desgastados setos.

En una estación se abrieron las puertas y, de repente, la tranquila tarde fue perturbada por un hombre que lanzaba violentas e incomprensibles maldiciones. El hombre entró en nuestro vagón. Llevaba la ropa de trabajo, era grande y estaba borracho y sucio. Gritando, golpeó a una mujer que sujetaba a un bebé. El golpe la envió rodando a las piernas de una pareja de ancianos. Fue un milagro que el bebé saliera ileso. Aterrada, la pareja saltó y se dirigió a la cola del vagón. El trabajador intentó dar una patada en la espalda de la anciana, pero no lo consiguió, mientras ella se dirigía a un sitio más seguro. Esto enfureció tanto al borracho que agarró el poste de metal del centro del vagón e intentó sacarlo violentamente de su soporte. Pude ver que en una de sus manos había un corte que sangraba. El tren avanzaba y los pasajeros estaban muertos de miedo. Me levanté.

Yo entonces era joven, unos veinte años, y estaba en buena forma. Llevaba entrenando ocho horas de aikido, cada día, durante los tres últimos años. Me gustaba pelear. Pensaba que era fuerte. El problema era que mi habilidad con las artes marciales no se había puesto a prueba en una pelea real. Como estudiantes de aikido, no se nos permitía pelear. El aikido, decía una y otra vez mi profesor, es el arte de la reconciliación. Quien tenga deseos de pelear rompe su conexión con el universo. Si intentas dominar a la gente, ya estás derrotado. Estudiamos cómo resolver los conflictos, no cómo iniciarlos.

Yo hacía caso a sus palabras. Lo intentaba con todas mis fuerzas. Incluso había llegado a cruzar el andén para evitar a los gamberros que pululaban por la estación del tren. Mi paciencia me exaltaba. Yo era duro y sagrado a la vez. Sin embargo, en mi corazón deseaba una oportunidad totalmente legítima en la que podría salvar a un inocente destruyendo al culpable. Eso es lo que me decía a mí mismo mientras me levantaba. La gente está en peligro. Si no hago algo en seguida, probablemente alguien saldrá herido.

Al ver que me levantaba, el borracho vio la oportunidad de concentrar su ira. «¡Ajá!», rugió. «¡Un extranjero! Necesitas una lección de modales japoneses». Me sujeté suavemente a la barra para sujetarse del tren y le eché una lenta mirada de asco y rechazo. Pensé en echarle a un lado, pero él tenía que hacer el primer movimiento. Yo quería que se pusiera violento, así que le lancé un insolente beso. «De acuerdo», gritó, «vas a recibir una lección». Se preparó para abalanzarse sobre mí.

Una fracción de segundo antes de que pudiera moverse, alguien gritó «¡Hey!». Fue un grito muy agudo. Recuerdo la extrañamente alegre cualidad suya, como si un amigo y tú hubierais estado buscando algo con diligencia y de repente lo hubierais encontrado. «¡Hey!». Giré a mi izquierda y el borracho lo hizo a su derecha.

Los dos miramos a un pequeño anciano japonés. Debía tener algunos años más de setenta; un diminuto caballero, sentado con su impecable kimono. No me miraba a mí, pero sonreía con alegría al trabajador, como si tuviera un secreto muy importante que compartir. «Ven aquí», dijo el anciano en jerga, haciendo señas al borracho. «Ven aquí y habla conmigo». Agitó su mano ligeramente. El borracho se acercó como si le atrajeran con una cuerda. Plantó sus pies violentamente delante del anciano y rugió por encima del repiqueteo de las ruedas: «¿Por qué demonios debo hablar contigo?».

El borracho ahora me daba la espalda. Si su codo se moviera un milímetro podría tirarle al suelo. El anciano siguió hablando con él. «¿Qué has bebido?», preguntó, con los ojos brillantes por el interés. «He bebido sake», contestó el borracho, «y no es asunto tuyo». Gotas de saliva salpicaban al anciano. «Oh, eso es maravilloso», dijo el anciano, «totalmente maravilloso. A mí también me gusta el sake. Todas las noches mi mujer y yo –tiene sesenta y seis años, ¿sabes?– calentamos una pequeña botella de sake, la sacamos al jardín, nos sentamos en nuestro viejo banco de madera, vemos cómo se pone el sol y cómo está nuestro árbol de caqui. Mi bisabuelo plantó ese árbol y nos preocupamos por si se recuperará de las tormentas de hielo que tuvimos el último invierno. No obstante, a nuestro árbol le ha ido mejor de lo que yo esperaba, especialmente si tenemos en cuenta la mala calidad del suelo. Es gratificante verlo cuando nos tomamos el sake y salimos para disfrutar de la noche, aunque llueva». Miraba al borracho, con sus ojos brillando.

Mientras se esforzaba por seguir la conversación del anciano, la cara del borracho empezó a tranquilizarse. Sus puños se relajaron lentamente. «Sí», dijo, «a mí también me gustan los caquis». Su voz también se fue tranquilizando. «Sí», dijo el anciano, sonriendo, «y estoy seguro de que tienes una esposa maravillosa». «No. Mi mujer murió». Muy suavemente, balanceándose por el movimiento del tren, el borracho empezó a llorar. «No tengo mujer. No tengo casa. No tengo trabajo. Me avergüenzo de mí mismo». Caían lágrimas por sus mejillas. Un espasmo de desesperación se propagaba por todo su cuerpo.

Allí estaba yo con mi inocente juventud, con mi actitud de hacer este mundo seguro para la democracia. De repente me sentí más sucio que él. El tren llegó a mi parada. Mientras se abría la puerta, oí al anciano hablar con compasión. «Vaya», dijo, «ésa es una situación muy difícil. Siéntate aquí y cuéntame sobre ello». Giré mi cabeza para echar el último vistazo. El borracho estaba tumbado en el asiento, con su cabeza en el regazo del anciano. Éste acariciaba suavemente el sucio y apelmazado cabello. Cuando el tren se fue, me senté en un banco. Lo que yo había querido hacer con los músculos se había conseguido con palabras amables. Yo había visto probar el aikido en combate, y su esencia era el amor.[11]

---

11. Terry Dobson, maestro de Aikido estadounidense (1937-1992), en «A Kind Word Turneth Away Wrath». Esta historia se ha reimpreso y añadido en antologías ampliamente, pero no está claro de quién son los derechos. Se dice que se imprimió en el *Reader's Digest*, en la década de 1970, y está incluida en la antología *The Awakened Warrior*, editada por Rick Fields (Tarcher, 1994) y en *Essential Spirituality*, de Roger Walsh (John Wiley & Sons, 1999).

Tú y yo nos entrenamos para convertirnos en seres conscientes y comprensivos, en el sentido más verdadero y profundo; convertirnos en un instrumento de alegría, un instrumento de ecuanimidad, un instrumento de presencia, un instrumento de amor, un instrumento de disponibilidad, y al mismo tiempo totalmente tranquilos. Puesto que todos pasamos mucho tiempo en nuestras relaciones, ¿por qué no convertirlas en un yoga para liberarnos? Vivir una vida espiritual es una estrategia para trabajar para ti mismo en beneficio de todos los seres. Ésa es otra forma de decir que lo mejor que puedes hacer para otra persona es trabajar en ti mismo, no por algún sentido idealista del altruismo, sino porque conseguir la unidad para ti mismo conlleva resolver tu sentido de la separación y descubrir que todos somos familia.

Utiliza todas las situaciones que tengas con otras personas como un vehículo para trabajar en ti mismo. Vigila dónde te bloqueas, dónde presionas, dónde te sujetas, dónde juzgas y dónde haces todo lo demás. Utiliza las experiencias de tu vida como currículum.

Cuando pienso en las relaciones, las mías y las de otros, veo toda una serie de razones por las que nos unimos y formas con las que interactuamos. Algunas son transaccionales, pero el impulso más profundo de toda relación humana es evocar el amor y la unidad que nos unen. Sin embargo, lo que ocurre en realidad es que muchas relaciones refuerzan nuestra separación debido a nuestra falsa percepción de nosotros mismos como seres individuales, y debido a nuestros sistemas de deseos, que se basan en la separación o ego. Las relaciones sólo funcionan en un sentido espiritual cuando tú y yo vemos de verdad que somos uno.

Las relaciones y las emociones pueden reforzar nuestra separación, o pueden ser provisiones para el molino del despertar. En lo relativo a las relaciones amorosas, somos como abejas buscando una flor. El dilema es que el poder emocional de amar a alguien puede dejarte tan atrapado en el melodrama interpersonal que no consigues ir más allá de la emoción. El problema del amor interpersonal es que dependes de la otra persona para reflejar el amor de vuelta hacia ti. Eso forma parte de la ilusión de la separación. La realidad es que el amor es un estado del ser que nace del interior.

La única cosa que de verdad tienes que ofrecer a la otra persona es tu propio estado del ser. Cuando no estás atrapado por la apariencia o el comportamiento de la otra persona, puedes ver por detrás de todo eso a un nivel más profundo de su ser, porque tu mente se ha programado a sí misma; has cambiado tu enfoque tan sólo un poco para ver su alma. Esa cualidad del alma es el amor.

Cuando yo era niño, solía ser alguien. En aquella época, nos encontrábamos todos en el entrenamiento de alguien. Te conviertes en alguien y después dices a todo el mundo quién eres. Repartes tarjetas de visita y dices: «¿Qué tal? Soy Alguien y hago tal y cual cosa». Todo el mundo es muy importante y especial, y cada persona valora lo mucho más importante que es en comparación con todos los demás. Todos nos acostumbramos a esto.

Me convertí en alguien porque mis padres querían que fuese especial, y mis profesores querían que fuese especial, y me entrenaron para conseguirlo. Se llama estructuración del ego. Lo conseguí de verdad. Era realmente alguien. Mis padres estaban orgullosos de mí. Podía mirar en sus ojos y ver orgullo y aprecio. Esa parte era muy gratificante.

El único problema era que en mi interior me sentía mezquino. Creía que debía ser feliz de algún modo, pero no lo era. Pensaba: «Bueno, la felicidad no lo es todo, ¿verdad? Mientras sea lo que todo el mundo quiere que sea, ¿no es eso suficiente?». Pero no lo era y me sentía muy extraño.

Hay una historia que he contado muchas veces, que describe esa sensación de extrañeza. Un hombre quería hacerse un traje, así que acudió al mejor sastre de su ciudad, que se llamaba Zumbach. Zumbach le tomó las medidas y encargó el mejor material.

El hombre acudió a la prueba final y se puso el traje. Una manga era cinco centímetros más larga que la otra. Dijo: «Zumbach, no quiero molestarte. Es un traje muy bonito, pero esta manga es cinco centímetros más larga que la otra». Zumbach se sintió ofendido. Dijo: «No hay nada mal en el traje. Es la forma en que te lo pones». Y bajó uno de los hombros y subió el otro, y dijo: «¿Lo ves? Si te lo pones así encaja a la perfección».

El hombre se miró de nuevo en el espejo, y allí estaba todo ese material suelto detrás del cuello. Dijo: «Zumbach, ¿qué es todo este material que sobresale?». Zumbach dijo: «No hay nada malo en el traje. Es la forma en que te lo pones». Y presionó en la barbilla del cliente y le hizo encorvar sus hombros. «¿Lo ves? Es perfecto».

Por fin el traje le quedaba perfecto y el hombre salió del establecimiento. Fue caminando hacia el autobús con su traje nuevo, que le quedaba perfecto, y alguien se le acercó y dijo: «¡Vaya un traje tan bonito! Apuesto a que te lo hizo Zumbach, el sastre».

El hombre preguntó: «¿Cómo lo sabes?».

«Porque sólo un sastre como Zumbach puede hacer que un traje se adapte tan perfectamente a alguien tan mal hecho como tú».

Pues bien, así era cómo me sentía yo. Todo el mundo seguía diciéndome que llevaba un traje muy bonito, pero me sentía como si estuviera dentro del traje de Zumbach.

Llevar el traje de Zumbach es semejante a lo que sientes en algunas relaciones. Cuando te quitas el traje y empiezas a ver lo que hay detrás de la tela, es como si estuvieras mirando a alguien y diciendo: «¿Estás aquí? Yo estoy aquí. Nosotros estamos aquí. ¡Fantástico!».

Si alguien de tu trabajo es un problema para ti, no es el único que debe cambiar. Si alguien es un problema para ti, eres tú quien necesita cambiar. Si crees que te está creando dificultades, es tu problema. Depende de ti. Tu tarea es liberarte.

Si se generan un problema para ellos mismos, es su karma. Cuando crucificaron a Cristo y dijo: «Perdónalos porque no saben lo que hacen», estaba intentando ayudar a otros para que no fueran un problema para sí mismos. No eran un problema para él porque él se había liberado. Lo ideal es que te liberes precisamente en la situación clave, pero a menudo es muy complicado y no puedes hacerlo. Entonces vuelve atrás y haz las prácticas que haces por las mañanas y por las noches, o los fines de semana, para liberarte. Haz las cosas que tranquilizan tu interior.

La próxima vez que te encuentres en esa situación en tu trabajo, de nuevo puedes perderlo. Limítate a irte a casa y piensa cómo lo perdiste. Acude el día siguiente y piérdelo de nuevo. Da comienzo a un diario de «¿Cómo lo perdí hoy?». Luego ve y hazlo de nuevo. Después de algún tiempo, cuando estés empezando a perderlo, no te alteres tanto. Empieza a observar la mecánica de lo que hace que lo pierdas todo el tiempo. Cuando llegues al punto en que veas las cosas como ocurren en realidad, los bucles del apego empezarán a aflojarse.

Si no me valoras, ése es tu problema. Si necesito tu amor o tu aprobación, entonces es mi problema. En ese caso, mis necesidades te conceden poder sobre mí. Pero no es tu poder; es el poder de mi sistema deseado. El poder que otras personas tienen que obtener de tu ecuanimidad, amor y conciencia tiene que ver con tus propios apegos y con los enredos de tu mente.

Aquí es donde tu trabajo se hace sobre ti mismo, donde necesitas meditar más, donde necesitas reflejar más, donde necesitas un marco de referencia filosófico más profundo. Es donde necesitas cultivar más el hecho de ser testigo. Es donde necesitas practicar a abrir más tu corazón en circunstancias que no son óptimas o sencillas. Éste es tu trabajo. Te han dado un currículum enorme, todo un programa de estudios. Eso es. No existe la culpa; no vas a graduarte. Se trata tan sólo de lo que hay en tu plato en este momento.

Utilizar las relaciones como vehículo para la libertad significa que tenemos que aprender a *escuchar*: escuchar a cada persona en cada nivel de su ser. El arte de la escucha procede de una mente tranquila y un corazón abierto. La escucha utiliza todos tus sentidos, y es una habilidad sutil. Escucha, limítate a escuchar; no sólo con los oídos, sino también con tu ser. Tu ser se convierte en el instrumento de la escucha. Tus mecanismos sensoriales durante la vida no son sólo tus oídos, tus ojos, tu piel y tu mente analítica. Es algo más profundo, una cualidad de conocimiento intuitiva. Con todo tu ser, te conviertes en una antena para la naturaleza de otra persona. Entonces, para que la relación permanezca como espíritu viviente, uno de los mejores ingredientes que se puede poner en el guiso es la verdad.

LA VERDAD TE HARÁ LIBRE

Gandhi pasó su vida en lo que llamó «experimentos sobre la verdad», tan sólo aprendiendo cómo ser sincero. Dijo: «Sólo Dios conoce la Verdad absoluta», y además que él, siendo humano, conocía sólo la verdad relativa, y que su conocimiento de ésta cambiaba de un día a otro.

Gandhi dijo que su compromiso era decir la verdad, no tener coherencia. Es importante hacer honor a tu propia verdad, aunque para otras personas pueda parecer que eres incoherente. En un discurso al mundo islámico, el presidente Barack Obama citaba del Corán: «Sé consciente de Dios y di siempre la verdad». El uso comprensivo de la verdad requiere sabiduría discriminatoria, que procede de la conciencia del interior de Dios.

Durante mucho tiempo pensé que la verdad se expresaba con palabras, pero no siempre es así. Hay verdades que se comunican sólo en silencio. Debes saber cuándo utilizar palabras y cuándo utilizar el silencio. Hay diferencias entre el silencio paranoide y el silencio cósmico. Éste es un nivel de conciencia que no puede expresarse con palabras. Desde ese lugar, las palabras son como un dedo que señala la luna. El silencio es un lujo que podemos permitirnos cuando nos sentimos seguros, juntos en la conciencia compartida.

Cuando fui a la India por segunda vez, llevé a Maharaj-ji un ejemplar del libro *Be Here Now*. No me dijo nada durante un tiempo, y después un día me llamó a donde estaba sentado y dijo: «Dices mentiras en este libro».

Dije: «Oh, no, Maharij-ji. Todo lo que digo en el libro es verdad».

Contestó: «Aquí dice que Hari Dass Baba fue a la selva cuando tenía ocho años de edad». (Recordarás que Maharaj-ji me asignó a Hari Dass Baba para que me enseñara yoga). Maharaj-ji dijo: «Él no fue a la selva cuando tenía ocho años. Trabajó en el Departamento Forestal hasta 1962».

Después llamó a un hombre y preguntó: «¿A qué te dedicas?».

El hombre respondió: «Soy el encargado del Departamento Forestal».

Maharaj-ji dijo: «¿Conoces a Hari Dass Baba?».

Afirmó: «Oh, sí, trabajó conmigo hasta 1962».

Maharaj-ji contestó: «De acuerdo, puedes irte».

Entonces, de igual modo me mostró un par de falsedades más en otros dos párrafos, y dijo: «¿Por qué escribiste eso?».

Repuse: «Bueno, alguien me contó todas estas cosas. No sé quién me lo dijo a mí, pero lo hizo alguien, y fue alguien cercano a ti. Y le creí porque todo estaba impregnado de amor».

Me preguntó: «¿Eres tan simple que crees todo lo que te dice todo el mundo?».

Hari Dass Baba era un hermoso yogui silencioso, y sólo estaba siendo quien era. Tal vez yo había desarrollado este viaje en torno a él y lo escuché porque quería que mi maestro fuera especial.

Maharaj-ji dijo: «Sea cual sea la razón, es una mentira. ¿Qué vas a hacer al respecto?».

Respondí: «Bueno, Maharaj-ji, lo cambiaré. Ya se han distribuido ochenta mil ejemplares, y no puedo retirarlos. Pero la segunda edición llegará pronto y lo cambiaré para entonces».

Envié un telegrama a la Fundación Lama, que imprimía el libro en Albuquerque. Les dije que, por favor, eliminaran los dos párrafos sobre Hari Dass Baba en la siguiente edición. Steve Durkee, el jefe de Lama en ese momento, que ahora se llama Nur al Din, me contestó y dijo: «No se puede hacer ahora. Yo estaba en Albuquerque», que se encuentra a mil kilómetros de Lama, donde no hay teléfono. «Les dije que prosiguieran y que se imprimiera, y ellos iban a ir a la imprenta ese mismo día». Eran las prisas anteriores a la Navidad, y probablemente ya estuviera impreso. Steve dijo: «Recibí tu telegrama demasiado tarde. Lo cambiaremos en la tercera edición, que se imprimirá dentro de tres meses».

Volví con mi gurú y le dije: «Maharaj-ji, no puedo cambiarlo hasta la próxima edición. Cambiarlo ahora costaría por lo menos 10 000 dólares. Tendríamos que tirar a la basura toda la edición».

Me miró y dijo: «Hazlo ahora». Y añadió: «El dinero y la verdad no tienen nada que ver el uno con la otra».

Volví y envié un telegrama de nuevo a Lama, donde dije: «Olvidad los gastos. Maharaj-ji dice que hay que cambiarlo ahora. Es su libro».

Me llegó un telegrama de Steve que decía: «Ha ocurrido algo notable. El día que llegó tu telegrama diciéndonos que se cambiara, recibimos una nota de la compañía impresora. Cuando pusieron el trabajo en la prensa, una de las ilustraciones estaba dañada. Esa página incluía una fotografía de Maharaj-ji, y cuando recurrieron al archivo para encontrar el original, faltaba esa fotografía en particular. Era lo único que faltaba. Así que eliminaron todo el trabajo de la prensa y escribieron para recibir más instrucciones».

El dinero y la verdad no tienen nada que ver el uno con la otra. Maharaj-ji estaba jugando con el libro, la compañía impresora y mi mente.

El Tao Te Ching dice: «La verdad espera ojos despejados por el deseo». A menudo no oímos toda la verdad debido a lo aferrados o apegados que estamos a nuestra mente; escuchamos sólo las proyecciones de nuestros propios deseos. Por tanto, una y otra vez, tomamos decisiones que terminan no estando en la más profunda armonía con el Camino de las cosas. Trabajar un apego significa que tienes que trabajar con ese deseo hasta que ya no sientas apego a ese deseo. El deseo puede estar aún allí, pero tú ya no estás vinculado a él.

Cuando vemos sin apegos, la verdad se hace autoevidente. Cuando estamos totalmente presentes en el momento, la verdad simplemente *es*.

TRABAJANDO CON TUS EMOCIONES

Una forma de curar tus problemas emocionales consiste en cultivar otra parte de tu ser, como el testigo. Utiliza el testigo para cultivar la conciencia y tratar las emociones una a una. Conforme el testigo se hace más fuerte, tus problemas emocionales se convierten en menos relevantes para tu existencia.

Con el testigo puedes quitar su poder a las emociones. Cuando has profundizado en el ámbito psicológico y sigues intentando solucionar algo, te limitas a continuar dedicándote a ello. Es una fuente de material muy profunda.

Ser testigo te permitirá reconocer los sentimientos y valorarlos como parte de la condición humana. Ésa es la forma más rápida de tratar una emoción: reconocerla, permitir que exista y renunciar a ella, abandonarla. Se puede hacer de diversas formas. Por ejemplo, puedes utilizar la energía corporal del hatha yoga para seguir trabajando el material químico y la tensión que se acumulan en el cuerpo. A veces la música es útil, o bien tan sólo siendo consciente de tu respiración. Simplemente sigue dejándote llevar y dejándote llevar.

Cantar a Dios –como en la práctica conocida como kirtan– puede generar estados estáticos que tienen el poder de liberarte de tus melodramas emocionales personales.

Cuando tu práctica espiritual se hace más fuerte, eres capaz de ver tu material emocional antes de que el cuerpo se sobrecargue y se llene de adrenalina. Ya no dejas que se vuelva tan intenso. Si estos sentimientos quedan fuera de control, lo mejor que puedes hacer es sentarte tranquilamente. Déjalos pasar. Bhagavan Das me dijo en una ocasión: «Las emociones son como olas. Contempla cómo desaparecen en la distancia del enorme y tranquilo océano».

Esa capacidad de vivir en situación de testigo aligera en gran medida todo el material emocional y el estrés de la vida. El arte, tal como yo lo entiendo, consiste en cultivar estos otros niveles de conciencia, y entonces ya no tienes que rechazar el material porque se ve en perspectiva. Es como si sólo cambiases de enfoque y lo vieras desde el exterior, para que ya no te identifiques con la forma en que pensabas. Einstein dijo: «Los problemas importantes que tenemos no pueden solucionarse al mismo nivel de pensamiento con el que los creamos».

En el camino de la devoción puedes cambiar de nivel ofreciendo una emoción a Dios o a tu gurú como forma de entrega: «Toma, aquí tienes. Te lo ofrezco». Y valorando tu propia humanidad: «Sí, aquí estoy. Simplemente lo perdí. Ah, así. Correcto. De acuerdo». Es la capacidad de verlo sin negarlo. «Estoy molesto. Poco convencional. Aquí estamos de nuevo». Es como hablar con Dios y decir: «Mira lo deliciosamente humano que soy».

Cuando estudié las personalidades de la gente en psicología, vi que en la raíz de casi todos los problemas, había un sentimiento de deficiencia o de no ser suficiente. Éstos son los componentes de la estructura de la personalidad.

Conoce estos problemas y comprueba que estás sujeto a esa patología igual que todos los demás. Esa sabiduría conduce a la compasión y al amor hacia ti mismo y hacia los demás.

Trabaja también tus propias contradicciones: no trabajarlas en el sentido de «soy bueno» o «soy encantador», sino trabajarlas al nivel de «yo soy». «Yo soy» incluye el hecho de que hago cosas hermosas y cosas desagradables. Y yo soy. Cuando empiezas a descansar en el espacio de «yo soy», comienzas a sentir las emociones desde una perspectiva distinta y te vuelves intachable en la forma en que juegas el juego. Amar estas emociones ayuda a liberarse de ellas.

Cuando tienes hambre de amor, se trata del deseo de llegar a casa, estar en paz, sentirte uno con el universo, donde se unen el amante y el Amado. Es un lugar para *estar* totalmente en el momento, para sentirte realizado por completo, para *estar* enamorado.

PREFIERO *SER* A TENER RAZÓN

Observa cómo juzga tu mente. El juicio procede, en parte, de tu propio miedo. Juzgas a otras personas porque no te sientes cómodo en tu propio ser. Juzgando averiguas dónde estás en relación con otras personas. La mente que juzga es muy divisoria. Separa. La separación cierra tu corazón. Si cierras tu corazón a alguien, estás perpetuando tu sufrimiento y el suyo. Cambiar de juicio conlleva aprender a valorar tu dilema y su dilema con el corazón abierto, en lugar de juzgar. Entonces puedes permitirte a ti mismo y a los otros limitarte a ser, sin separación.

El único juego disponible es el juego de ser, que incluye altibajos. Cada vez que rechazas algo, permanece ahí. El montón de polvo bajo la alfombra se hace muy grande. Tus momentos bajos se vuelven más interesantes que los altos porque te están mostrando dónde no estás, dónde tienes trabajo por hacer.

Simplemente dices: «Gracias por la enseñanza». No tienes que juzgar a otro ser. Sólo tienes que trabajar en ti mismo.

Cuando alguien provoca tu ira, la única razón para enfadarse es que defiendes cómo crees que se supone que es algo. Estás negando cómo es. Entonces ves que son las expectativas de la propia mente las que crean tu propio infierno. Cuando quedas frustrado porque algo no ocurre de la forma que pensabas que debería ocurrir, examina la forma en que pensabas, no sólo lo que te frustra. Verás que gran parte de tu sufrimiento emocional está creado por tus modelos de cómo crees que debería ser el universo y tu incapacidad para permitirle ser como es.

Maharaj-ji me dijo que amara a todo el mundo. «Ama a todo el mundo, todos somos uno. *Sub ek*: todo es uno, limítate a amar a todo el mundo. Contempla a Dios por todas partes. Simplemente ama a todo el mundo. No te enfades. Ram Dass, no te enfades. Ama a todo el mundo, di la verdad, ama a todo el mundo, no te enfades».

Ya sabes, cuando la gente te dice cosas como esa, respondes: «¡Sí, seguro, correcto, por supuesto!». Yo acababa de volver a la India después de pasar dos años como hombre sagrado en Occidente. Fue un viaje muy pesado para mí porque aún estaba lleno de deseo, codicia y pereza. Aún había muchas más pizzas que tenía que comer, y era difícil llevar escondida una pizza cuando alguien estaba siempre mirándote. Por último, volví a la India, esperando ocultarme en una cueva hasta que pudiera recomponerme.

Pero en todo momento, en la India, dondequiera que fuese, había occidentales con deseos de curiosear. Poco a poco llegué a odiarles a todos. ¿Cómo podría meterme en una cueva y volverme sagrado con cuarenta occidentales?

Después de un año, excepto un par de semanas, permanecí totalmente inmerso en la conciencia occidental en medio de la India. Todos estábamos con Maharaj-ji, y finalmente decidí: «Bueno, él sigue diciendo que digamos la verdad y que no nos enfademos, pero la verdad es que estoy enfadado. He pasado demasiado tiempo aparentando externamente que amo a todo el mundo. En mi interior, mi mente está llena de ira. La hipocresía me está sacando de quicio. Maharaj-ji nos pidió que dijéramos la verdad. Creo que, para cambiar, diré la verdad, puesto que no puedo hacer ambas cosas».

La gente venía a visitarme en mi habitación. Había seres encantadores y yo decía: «Vete de esta habitación, vago bastardo. Eres demasiado agradable. Me provocas náuseas». Muy pronto había alienado eficazmente a todo el grupo. No querían tomarme en serio, pero yo insistía. En esa época estaba haciendo una sadhana, una práctica por la que no tocaba dinero. Para ir al templo cada día, desde la ciudad, normalmente cogíamos un autobús o un taxi, y alguien pagaba por mí. Pero estaba tan enfadado con todo el mundo que no podía estar en el mismo espacio con ellos, en el autobús. Así que decidí ir caminando al templo, lo cual me llevaba varias horas.

Un día llegué tarde después de acudir caminando, y tenía mucha hambre. Todo el mundo estaba sentado en el patio, en torno a Maharaj-ji, comiendo la comida bendita, el *prasad*. Había un plato libre para mí. Uno de los tipos con los que estaba especialmente enfadado cogió la comida y la colocó delante de mí. Yo estaba tan enfadado que la cogí y se la tiré. Maharaj-ji lo vio todo y me preguntó: «Ram Dass, ¿tienes algún problema?».

«Sí. No puedo resistir *adharma*, no puedo soportar las impurezas. No puedo soportar a toda esa gente y no puedo aguantarme a mí mismo. Sólo te amo a ti. Odio a todos los demás».

En ese momento empecé a llorar: sólo llorar y llorar, como si toda la ira que tenía en mi interior saliera de mí. Maharaj-ji dijo que trajeran leche, me la ofreció, me acarició la cabeza, tiró de mi barba y lloró conmigo. Después me miró y dijo: «Ama a todo el mundo y no te enfades».

Le respondí: «Bueno, tú me pediste que dijera la verdad, y la verdad es que no amo a todo el mundo».

Se me acercó –nariz con nariz y ojos con ojos– y me dijo furioso: «Ama a todo el mundo y di la verdad».

Empecé a decir: «Pero...», y en ese momento, el resto de la frase se me hizo autoevidente. Él decía: «Cuando termines de ser quien crees que eres, ése es quien serás». Yo pensaba que era alguien que no podía amar a todo el mundo y decir la verdad. Él decía: «Bueno, cuando te rindas seguiré estando aquí, y el juego es muy sencillo. Ama a todo el mundo y di la verdad».

Miré a un grupo de occidentales; después de todo era una orden de mi gurú. Miré a ese grupo de personas con las que estaba tan enfadado, y entonces pude ver que había un lugar en ellos que yo amaba.

Entonces dijo: «Ve a coger comida». Lo hice y empecé a comer. Aún estaba llorando.

Llamó a todo el mundo para que se le acercara y proclamó: «Ram Dass es un gran santo, id a tocar sus pies». Eso me puso totalmente furioso.

Normalmente, cuando estás enfadado con alguien, lo que haces es sentarte y hablar hasta que todo el mundo guarda las apariencias. Sabes cómo se hace: «Estaba equivocado, lo siento». «Bueno, está bien que digas eso...». El problema era que no dijo que yo debería guardar las apariencias. Sólo dijo que amara a todo el mundo y que dijera la verdad. Me estaba diciendo que me entregara.

Vi que la única razón por la que estaba enfadado era porque me estaba aferrando a cómo pensaba que se suponía que debía ser. Así que corté en trozos algunas manzanas y me dispuse a mirar a cada persona a los ojos. No podía darles el trozo de manzana hasta que me liberase de la ira, porque dar comida con ira es como dar veneno a alguien. La vibración de la ira se transmite junto con la comida. Es lo contrario que sanar. Miré a todos a los ojos y vi todo por lo que estaba enfadado. Y empezó a disolverse. Podía sentir que la única cosa que nos separaba en ese momento era mi orgullo. No quería abandonar mi justificación. Pero vi en cada caso que tenía que acabar con él: tan sólo dejarlo ir hasta que pudiera mirarles a los ojos y ver a mi gurú, a mí mismo, a su alma. Tenía que ignorar nuestras diferencias individuales. Me llevó bastante tiempo porque tenía que hacerlo con cada individuo, y con algunos tardé más tiempo que con otros.

Después de ese tipo de enseñanza tal vez pienses que ya no me enfado. Lo hago, pero cuando empiezo a enfadarme, veo mi apuro y cómo quedo atrapado en expectativas y justificaciones. Aprender a librarme de la ira ha sido un proceso continuo. Cuando Maharij-ji me dijo que amase a todo el mundo y que dijera la verdad, también dijo: «Abandona tu ira y yo te ayudaré a ello». Maharaj-ji me ofreció un acuerdo: «Debes pulir el espejo, limpiándolo de ira, para ver a Dios. Si abandonas un poco de ira cada día, te ayudaré». Esto parecía ser un trato más que justo. Lo acepté inmediatamente. Y ha sido sincero hasta el final del acuerdo. Descubrí que su amor me ayudó a librarme de mi justificación. En último término preferiría ser libre y enamorado que tener razón.

Si tienes un sentido de responsabilidad social, lo primero es seguir trabajando en ti mismo. Estar en paz contigo mismo es el primer paso si quieres vivir en un universo en paz.

¿Has observado cuántas personas enfadadas hay en las concentraciones por la paz? La acción social genera justicia. La justicia en última instancia te lleva a morirte de hambre. Si prefieres ser libre antes que tener razón, debes olvidarte de la justicia, de tener razón.

Eso me recuerda una historia. Había un barquero chino que chocó contra otra barca en medio de la niebla. Empezó a insultar al otro barquero. «Bastardo. ¿Por qué no miras por dónde vas?». Entonces la niebla se levantó durante un momento y vio que no había nadie en el otro barco. Y sintió ser un estúpido.

Lo mismo sucede con la justicia. Digamos, por ejemplo, que tienes rencor a tu padre y le hablas mentalmente, como si estuviera en tu interior. Pero no está allí. Psicológicamente *crees* que está allí porque te sientes identificado con quien piensas que eres, pero una vez que empiezas a ver que esto es sólo un montón de pensamientos, tu padre psicológico es sólo otra serie de fenómenos vacíos. Estás ocupado diciendo: «Te perdono, te perdono», a ese padre psicológico, pero es como decir «te perdono» a un reloj. No hay nada allí. Te ocurre lo mismo que al barquero.

No hay prisa. Sigue teniendo la razón tanto tiempo como puedas. Verás que tener la razón es en realidad una pequeña caja hermética que es muy restrictiva y en la que no es muy divertido vivir. La justicia te aparta del flujo de las cosas. Cuando me encuentro atrapado en una situación en la que tengo una relación con alguien, no es que me hayan hecho algo *a* mí. Sólo están haciendo lo que están haciendo. Si me encuentro atrapado juzgando, la responsabilidad es mía, no de ellos. Se convierte en un trabajo sobre mí mismo. A menudo digo: «De verdad pido perdón por cualquier sufrimiento que haya causado en esta situación». Empezamos a trabajar desde ahí. Y después de un tiempo se presentarán, se examinarán a sí mismos y dirán: «Bueno, tal vez yo fui...». Nuestra justificación es que nuestro ego quiere tener la razón en un mundo de personas que no saben toda la razón que tenemos.

Hay una forma de representar lo que es correcto, el dharma del momento. Pero si te vinculas emocionalmente a un modelo de cómo debería ser el mundo, que excluye cómo son los seres humanos, es que algo va mal con dónde te encuentras. Deberías estar en algún otro sitio. Perderte en tu reactividad emocional no es donde quieres estar. Permitir que tu humanidad y la de otros sean como son en realidad es el comienzo de la compasión.

Nos encontramos en una encarnación humana. No podemos irnos. Caminar en el dharma consiste también en escuchar a otros seres humanos.

FE, NADA DE MIEDO – NADA DE FE, MIEDO

Cuando sintonizas en tu propio dharma, te sientes motivado para afrontar los lugares dentro de ti mismo que te mantienen atrapado.

Cuando hay miedo no eres libre. El presidente Franklin Roosevelt dijo: «Lo único que tenemos que temer es al propio miedo».

El miedo es un mecanismo de protección en el sentido de que experimentas ansiedad flotante sobre lo que te amenaza. El miedo te lleva a querer aferrarte a la estructura familiar de tu vida. Si estás ocupado identificándote a ti mismo como una entidad separada, temes la extinción de ese ser. Cuando te identificas con tu alma, no hay miedo. El alma no se identifica con el final de la encarnación, a la que llamamos muerte.

Desde que conocí a Maharaj-ji, no experimento el miedo a la muerte como un miedo real en el que entro en situaciones donde la muerte parece inminente. No tengo ninguna de mis anteriores reacciones habituales de ansiedad o miedo, y no obstante protejo el templo que es mi cuerpo, porque es el vehículo para mi trabajo. No lo protejo del miedo porque el miedo a la muerte parece de algún modo haber emprendido el vuelo en algún lugar, a lo largo del camino. La ausencia de ese miedo cambia la naturaleza de mi experiencia diaria. Ahora cada día es sólo lo que realmente es.

Cuando experimentas miedo, quedas atrapado en tu individualidad, sintiéndote aislado y vulnerable. Cuando experimentas amor, formas parte de la unidad de todas las cosas. El amor es el antídoto contra el miedo porque se dirige hacia el lugar posterior a la separación. Mientras cultives esa cualidad unitiva, el miedo se disipará. Cuando el miedo se disipe, te sentirás en el universo como en casa. Si te mantienes en el alma, tendrás amor. No es una idea ni una creencia. Cuando tienes fe, no hay miedo, sólo amor. La verdadera «fe» surge cuando sabes que eres el alma, y que el alma *es* amor.

En cierta ocasión, allá por el año 1970, yo me dirigía a New York Thruway en una limosina Buick de 1938 que había convertido en una autocaravana. Iba muy despacio porque era un coche muy viejo, conduciendo con una mano sobre el volante y contando con mi rosario con la otra, simplemente pasando el tiempo con diversas formas de lo Divino. Cogía el volante con suficiente conciencia como para mantener el coche en la carretera. Estaba cantando a Krishna, una radiante y azul encarnación de Dios que toca la flauta. Krishna representa el aspecto seductor del Amado. Yo me encontraba en éxtasis con el azul Krishna y conduciendo hacia el New York Thruway, cuando observé una luz azul destellante en mi espejo retrovisor. Pensé: «¡Ha venido Krishna!».

Estaba demasiado concentrado en conducir como para darme cuenta de que era un policía estatal. Me detuve y él se acercó a la ventana del coche. Dijo: «¿Puedo ver su carnet de conducir y sus papeles?».

Yo le miraba como a Krishna, que había venido a darme *darshan*. Era 1970. ¿No se aparecería Krishna como un policía estatal? Cristo trabajaba como carpintero.

Krishna me pidió mi carnet. Le habría dado cualquier cosa; podía pedirme la vida, pero todo lo que quería era mi carnet y mis papeles. Así que se los di y fue como si arrojara flores a los pies de Dios. Le miraba con amor absoluto.

Volvió a su coche y llamó a la central. Entonces regresó, caminó alrededor del coche y dijo: «¿Qué hay en esa caja sobre el asiento?».

Dije: «Son caramelos de menta. ¿Quiere uno?».

Dijo: «Bien, el problema es que usted conducía demasiado lento por la autopista, y tendrá que salir de ella si va a conducir tan despacio».

Dije. «Si, por supuesto». Yo le miraba amorosamente.

Si te pones en el papel de un policía estatal, ¿con qué frecuencia supones que te miran con un amor incondicional, especialmente si llevas el uniforme puesto? Así que, después de haber finalizado la conversación, no quería irse, pero ya había dejado de ser un policía. Así que se quedó allí un minuto y entonces dijo: «¡Qué buen coche tiene usted!».

Eso me incitó a salir. Y pudimos dar pataditas a las ruedas, golpear los guardabarros y decir: «Ahora no los hacen como antes», y contar viejas historias sobre coches. Entonces dejamos de hablar. Pude sentir que él aún no quería irse. Quiero decir: ¿por qué querrías irte si te aman incondicionalmente?

Así que al final se quedó sin comentarios. Él sabía que tendría que admitir que era Krishna, así que dijo: «Iré con usted», lo cual no suponía charlar con un policía, pero qué demonios. Cuando entré en el coche y empecé a conducir, él ya estaba en su coche. Miré por el espejo y vi que me saludaba.

Dime, ¿era un policía estatal o era Krishna?

FAMILIA ESPIRITUAL Y AMIGOS

Cuando estas prácticas espirituales empiezan a funcionar, tus razones para estar con gente comienzan a cambiar, y también quien tú quieres que cambie. A veces no es fácil, ya que se descartan las antiguas relaciones o trabajos. Tus antiguos amigos podrían considerarte un poco aburrido porque has experimentado el sabor de un cierto tipo de verdad, una verdad más profunda relacionada con una cualidad diferente de ser. Las interacciones sociales que solían ser interesantes son mediocres al compararlas con la atracción por el Amado, y la vida social empieza a parecer surrealista. No todo el mundo puede «oír» la cualidad de la experiencia espiritual que estás teniendo. Estás buscando a Dios, por lo que cualquier forma del Amado toca tu corazón. Buscas por todas partes.

El santo poeta Kabir dice:

> ¿Me estás buscando a mí? Estoy en el asiento más cercano.
> Mi hombro está pegado al tuyo.
> No me encontrarás en estupas, ni en salas-santuario de la India,
> ni en sinagogas ni en catedrales:
> no en las masas, no en kirtans, no en piernas que se enroscan
> en tu propio cuello,
> ni en alimentos que no sean vegetales.
> Cuando me busques de verdad, me verás al instante.
> Me encontrarás en la casa más diminuta de la época.
> Kabir dice: «Estudiante, dime, ¿qué es Dios?».
> Es aliento dentro del aliento.[12]

Cuando empiezas a despertar y a desarrollar una perspectiva espiritual, el satsang ayuda especialmente. El satsang es como tener una familia espiritual. El satsang es una comunidad de verdaderos buscadores. Es un grupo de personas con la conciencia compartida de que hay una dimensión espiritual en el universo. Goethe tuvo este hermoso

12. «Kabir», de *Kabir: Ecstatic Poems*, traducido al inglés por Robert Bly. (Boston: Beacon Press, 2004). Permiso de reproducción concedido por el editor.

pensamiento: «El mundo está demasiado vacío si pensamos sólo en montañas, ríos y ciudades; pero conocer a alguien aquí y allá que piensa y siente con nosotros, y que, aunque distante, está cerca de nosotros en espíritu, esto convierte la Tierra para nosotros en un jardín habitado».

Una vez que probamos la libertad que conlleva liberarnos de nuestras cosas materiales –ira, justicia, celos, nuestra necesidad de controlar, la mente que juzga, por nombrar unas pocas–, empezamos a mirar esas cosas de forma distinta. Ésa es la enseñanza de estar en el momento. Para alguien que entienda que este valioso nacimiento es una oportunidad para despertar, una oportunidad para conocer a Dios, toda la vida se convierte en un instrumento para llegar allí: matrimonio, familia, trabajo, juego, viajes, todo. Simplemente espiritualizas tu vida.

Cristo habló sobre estar en el mundo, pero no ser del mundo. Estás viviendo simultáneamente tu línea histórica –manteniendo tu terreno, recordando tu código postal– *y* teniendo tu conciencia libre y espaciosa, no atrapada en nada, sólo deleitándose en la riqueza de este momento atemporal.

Capítulo 4

Envejeciendo y cambiando

ERA MUY TARDE, POR LA NOCHE. La estación estaba cerrada, así que tuve que comprar mi billete en el tren. Acababa de cumplir sesenta años. Cuando llegó el revisor dije: «Quiero un billete para persona mayor». Me sentía como cuando tenía dieciocho años en Nueva York y fui a un bar con amigos. Con inquietud, porque no tenía edad para beber, dije al camarero: «Póngame una cerveza». Ahora el revisor sacó inmediatamente un billete para un ciudadano veterano. Le pregunté: «¿No quiere comprobar mi identidad?». Dijo: «No, no hay problema». Me sentí conmocionado.

Hasta que tuve cincuenta años me consideré un adolescente. En torno a esa época empecé a considerar la posibilidad de que fuera un adulto. Estaba ocupado siendo espiritual, y pensé que la edad no era algo por lo que preocuparse. Después de todo, las personas espirituales no tienen edad, ¿no es verdad?

Una vez que cumplí sesenta, decidí que lo mejor era saber si había alguna tarea que necesitara hacer para el envejecimiento. En los últimos años, normalmente viajaba durante mi cumpleaños, por lo que la gente no podía organizarme fiestas. Ese año hice saber a mis amigos que quería una fiesta de cumpleaños porque sesenta es un año importante. Tuve varias fiestas. Me mantuve ocupado cumpliendo sesenta años durante unos seis meses.

Un día me miré mi mano y vi la mano de mi padre. «Es una mano de sesenta años», pensé. «Con huesos, vasos sanguíneos, arrugas y manchas». Recuerdo el anuncio de crema de manos Porcelana, que decía: «Llaman a eso manchas del envejecimiento. Yo las llamo manchas feas». Ahora bien, ¿no es esa una forma extraordinaria de crear sufrimiento? Otra forma de verlo es simplemente: «Las llaman manchas del envejecimiento». Y aquí estamos.

Empecé a pensar que quizá fuera el momento para terminar cosas, y no para comenzar nuevos proyectos. Quizás debería escribir mi último libro o viajar seis meses al año. Mientras viajaba, descubrí que los corredores del aeropuerto que llevaban a las puertas de embarque parecían ser más largos. Me estaba sumergiendo en lo que llaman envejecer, ralentizar y honrar el proceso.

Al mismo tiempo que saboreaba la sensación de envejecer, empecé a comportarme de una forma un tanto extraña. Me di cuenta de que intentaba actuar como si fuera más joven, intentando realizar cosas para las que ya no tenía buena forma física. Fui a hacer surf al sur del Pacífico con un amigo de treinta y tres años. Allí estaba yo, chapoteando en las olas de Tahití, rodeado de chicos de quince a veinte años, divirtiéndome. Pero tenía que esforzarme mucho. Hice un mal giro y acabé arrastrado por una ola contra un arrecife de coral, que me causó cortes en las piernas. Los jóvenes surferos me miraban con pena. Yo pensaba: «¿Qué carajo estoy haciendo?».

Mi padre recitaba un verso que me vino a la memoria en ese momento:

> No son las patas de gallo bajo tus ojos lo que te hace viejo,
> Ni el color gris de tu cabello, me dicen.
> Pero cuando tu mente redacta un contrato que tu cuerpo no puede aceptar,
> estás para el arrastre, hermano, estás para el arrastre.

Gran parte del sufrimiento del envejecimiento procede de conservar esos recuerdos de quiénes éramos. Cuando yo tenía sesenta y tres años y escribí un libro sobre el envejecimiento, me di cuenta de que necesitaba ser capaz de pasar esta parte del currículum de mi vida sin negar nada, sin cerrarme al sufrimiento, sino sólo observando la forma en que mis energías se volvían menos fiables, la forma en que cambiaban los patrones de mi vida. Por ejemplo, ahora tengo que vivir más frugalmente. Observo cómo la sociedad me quita mi poder cuando me convierte en un ciudadano mayor. Pero en lugar de luchar con todos los cambios de las circunstancias, es sólo: «¡Ah, otro nuevo momento!».

ACTITUDES CULTURALES SOBRE EL ENVEJECIMIENTO

En Estados Unidos puedes jubilarte con cincuenta y cinco, con sesenta y cinco, o tal vez más tarde. El seguro médico para personas mayores comienza a los sesenta y cinco, pero aparte de empezar a cualificar para conseguir descuentos para veteranos, no hay un rito claro de paso para convertirse en un anciano o persona mayor, y no sabes bien cuál es el límite para empezar a ser considerado viejo.

La productividad económica y los roles sociales causan mucho estrés en nuestra sociedad, esta moderna tribu de cazadores. En las sociedades de cazadores tradicionales, la tribu tiene que mantenerse en movimiento, y cuando los ancianos no lo resisten, tienden a quedarse atrás. En términos de tener una función, se les trata como irrelevantes.

Recuerdo la historia de un anciano chino que se había jubilado. Era demasiado viejo incluso para ayudar a la familia a trabajar en el jardín. Un día, la familia estaba sentada en el porche, hablando, y el hijo del anciano pensó: «Sabes, es demasiado viejo. Se limita a comer comida. ¿Qué cosas buenas hace? Ha llegado el momento de que muera». Así que fabrica un ataúd de madera, pone el ataúd en una carretilla, lleva la carretilla al porche y dice: «Padre, entra». El padre entra en el ataúd. El hijo tapa el ataúd y empieza a llevarlo hacia el acantilado. Cuando llega al borde del acantilado, se oye un golpe desde el interior del ataúd. El padre dice: «Hijo, entiendo lo que estás haciendo y por qué lo estás haciendo, pero puedo sugerirte que simplemente me tires por el acantilado y salves el ataúd. Tus hijos lo necesitarán más adelante».

Una cosa que me ayudó a evitar quedarme atrapado en nuestro modelo occidental, sesgado hacia la juventud, fue viajar mucho. Siempre me sorprendía de lo diferentes que eran los sentimientos en torno al envejecimiento en otras culturas. Mientras estuve en la India, vi a un querido viejo amigo en un pueblo de las montañas. Me dijo: «Ram Dass, tienes aspecto de viejo. ¡Estás tan gris!». Mi primera reacción fue mi condicionamiento occidental: «¡Vaya un insulto! ¡Dios, es terrible!». Pero cuando me calmé, escuché el tono en que hablaba. Lo estaba diciendo con gran respeto y afecto. Yo me había convertido en un respetado anciano en esa sociedad. Él estaba diciendo: «Te has ganado el respeto que se debe a un anciano. Eres alguien en cuya sabiduría podemos confiar y a quien tenemos que escuchar».

La filosofía védica de la India contempla cuatro fases principales en la vida, o *ashramas*:

- Hasta los veinte, eres un estudiante.
- Desde los veinte hasta los cuarenta, eres un cabeza de familia, crías a tus hijos y ganas dinero.
- Desde los cuarenta hasta los sesenta, cuando tus hijos han crecido, se hacen cargo de tu negocio y tú estudias filosofía, haces peregrinajes y prácticas espirituales.
- Desde los sesenta en adelante, abandonas tus responsabilidades. Eres libre. La sociedad te apoya porque necesita la sabiduría que tienes para ofrecer.

En las culturas con estructuras de familia extendida, todo el mundo tiene su función natural, y los ancianos son honrados y respetados. Siguen formando parte de la familia, y los viejos y los jóvenes comparten su conocimiento. Todo está integrado en el sistema. Pero en nuestra cultura occidental, tenemos un problema con el envejecimiento.

La tecnología occidental avanza tan rápidamente que pronto nos quedamos desfasados. La utilidad de la sabiduría de nuestros mayores se convierte en dudosa. Intenté aprender nuevos programas de ordenador y me dije a mí mismo que los perros viejos sí *pueden* aprender nuevos trucos. Pero no sé cuántos nuevos trucos quiero aprender. Tal vez me limite a decidir que estoy desfasado.

Reconozcamos al menos que vivimos en un sistema que se ha desequilibrado. Tú y yo estamos pagando el precio por habernos criado en una sociedad orientada a lo material, que valora a la gente en términos de sus productos, sus logros y su capacidad para consumir, en lugar de cultivar la cualidad de su ser. El entusiasmo por la independencia y la individualidad nos ha alienado no sólo de nuestro ser más profundo, de la familia y la comunidad, sino también de la naturaleza.

Permaneciendo fuera del alcance de la naturaleza, como estamos muchos de nosotros, pasamos por alto los ciclos de frío y calor, las hojas que caen en otoño: los ciclos naturales de nacimiento, los frutos, la cosecha, la muerte del invierno y el renacimiento de la primavera. Los ciclos de la naturaleza dotan de un significado innato e intuitivo al envejecimiento. Y nos ofrecen un sentimiento de propiedad del espacio y el tiempo. Si nuestros mayores se sienten vacíos de objetivos, tal vez sea porque a nuestra cultura también le falta la visión sobre el final de la vida.

MANEJANDO EL CAMBIO

Un anciano camina por la calle y escucha una voz que dice: «*Psst*, ¿puede ayudarme?».

Mira alrededor, pero no ve a nadie.

De nuevo oye: «*Psst*, ¿puede ayudarme?».

Mira hacia abajo y ve una rana grande. Siente vergüenza porque las ranas no hablan. Pero dice: «¿Me hablaba a mí?».

Y la rana dice: «Sí, ¿puede ayudarme?».

«Bien, ¿cuál es el problema?».

«Estoy bajo los efectos de un maleficio. Si me coge y me besa me volveré a convertir en una hermosa dama, le serviré, cocinaré para usted y le calentaré la cama, y seré todo lo que quiera».

El hombre se quedó inmóvil durante un momento. Entonces cogió la rana, la metió en su bolsillo y echó a andar.

Un poco después, la rana dijo: «Hey, olvidaste besarme».

El hombre dijo: «¿Sabes? A mi edad creo que es mucho más interesante tener una rana que habla».

La naturaleza del envejecimiento tiene que ver con el cambio. La vejez te entrena para el cambio –cambio en tu cuerpo, en tu memoria, en tus relaciones, en la energía, en tu familia y en tu rol social– y todo conduce a la muerte, que es el gran cambio de nuestras vidas. Puedes ver esta última parte de tu vida, la fase del envejecimiento, como una depreciación. Por otro lado, desde una perspectiva espiritual, muchos de estos aspectos son sensacionalmente geniales. El clamor del ego se calma, tus motivaciones se aclaran y se empieza a aportar sabiduría.

La sabiduría es una cosa de la vida que no disminuye con la edad. La sabiduría consiste en aprender a vivir en armonía con el mundo, tal como es, en cualquier momento determinado. Un aspecto de esa sabiduría es la profunda comprensión de que todos estamos en el mismo barco. De ella nace la compasión: compasión por ti mismo, compasión por otros, compasión por el mundo. ¿Puedes permitir los cambios, deleitarte con ellos y buscar la sabiduría propia de cada cambio, en lugar de resistirte a ellos?

Los fenómenos cambiantes son interminablemente maravillosos y fascinantes. Pero cuando quienes pensamos somos seres que cambiamos, la fascinación se convierte en miedo. El envejecimiento conlleva cambios personales que son tanto físicos como psicológicos. Que el cuerpo no haga lo que está acostumbrado a hacer y empiece a hacer muchas cosas que no solía hacer conlleva dolor y confusión.

Los cambios físicos son interminables, y si te identificas con tu cuerpo pueden cubrir tu conciencia por completo. Las colonias Sunbelt, en lugares como San Petersburgo, Florida o Phoenix, Arizona, están llenas de personas sentadas en bancos que se cuentan esos cambios los unos a los otros. Los llaman «recitales de órganos». Allí no preguntas «¿cómo estás tú?» a menos que tengas tiempo para escuchar.

Aunque puedes oír lo real que es para algunas personas, limítate a imaginar estar sentado en esos mismos bancos con personas como Albert Einstein, Pablo Picasso, Claude Monet, Marc Chagall, Bob Hope, Grandma Moses o Margaret Mead. ¿Puedes imaginarlos dando las mismas respuestas?

Parte de como tratamos el cambio depende de nuestra percepción. Perceptualmente, cada uno de nosotros es dos seres, un ego y un alma, que funcionan en diferentes niveles de conciencia. Si vivimos principalmente en nuestra alma, entonces los cambios en el cuerpo son interesantes, como los cambios en el clima.

A continuación, te planteo una forma de concebir la percepción. Supón que tienes un pequeño televisor cerca de tus ojos. Imagina que los diversos niveles de conciencia son los canales de este televisor. La mayoría de nosotros, en esta cultura, actuamos muchas veces como si tuviéramos un aparato de uno o dos canales. No tenemos televisión por cable o por satélite con cientos de canales. Pero tal vez hayamos oído algo sobre el cable, y por lo menos podemos reconocer la existencia de esos otros canales flotando en la habitación, aunque no podamos captarlos. No podemos recibirlos porque no sabemos cómo sintonizar nuestro televisor. En eso consiste básicamente la percepción.

En el canal número uno, cuando ves a otro ser humano, ves su cuerpo físico: viejo, joven, oscuro, claro, gordo, delgado, etc. Especialmente si estás obsesionado con tu propio cuerpo físico, eso es lo que ves cuando contemplas el mundo: cuerpos físicos de otras personas. Ése es el canal que ves. Juventud, sexo, forma física, belleza, deporte: conoces la programación.

Cambias al canal número dos y estás en el ámbito psicosocial. Ves poder, felicidad, tristeza y neurosis. Éste es el canal de la terapia y el canal de los roles sociales. Aquí somos madres, conductores de camiones y abogados: todos los diversos roles e identidades, complejidades del carácter e interacciones, todo el material social. Es *Cómo se transforma el mundo*, una fascinante e interminable telenovela que sigue y sigue, episodio tras episodio. La mayoría de la gente está contenta con el canal número dos. Tal vez el 98 % de las personas que conoces están ocupadas con estos dos canales en todo momento.

Ahora supongamos que cambias a otro canal. Es el canal astral. En él ves los arquetipos, los arquetipos junguianos. Tratas con lo que se llama roles astrales o míticos, e identidades míticas. Es el tipo de lugar donde ves personas en sus mitos en lugar de en sus estructuras de personalidad. Me mirarías y dirías: «Él es Aries. Lo sabía», de la misma forma que sabrías que alguien es Sagitario o Leo. En este canal somos sólo doce en diversas permutaciones.

Pero si cambias al siguiente canal pasas a la parte posterior de esas diferencias individuales y todo lo que ves es otra alma, igual que tú.

Todo el embalaje es diferente, pero en el interior del envoltorio, cada uno es otro ser igual que tú. Entonces es cuando dices: «¿Estás ahí? Yo estoy aquí. ¿Cómo has entrado?». Todo el material de la personalidad, los arquetipos astrales y míticos, y la forma física: todo es envoltorio. En el interior ves la entidad espiritual individual.

Ahora, sólo por divertirte, cambia de canal una vez más. Ahora estás viendo cómo te miras en el espejo: conciencia pura que se mira a sí misma. Y hay sólo una.

Intentas vivir la vida de una forma armoniosa con lo que sabes en estos otros niveles de conciencia. Esa armonía es parte de la sabiduría que llega con la edad. Aprender a envejecer es la obra maestra de la sabiduría y uno de los capítulos más difíciles del gran arte de vivir.

Una de las sutiles trampas del ego, de la mente que se queda atrapada en el canal uno o dos, es tu idea del tiempo, porque el envejecimiento tiene que ver con el tiempo. Pero hay una parte de ti que no se encuentra en el tiempo, y encontrar ese lugar y descansar en él es parte clave del viaje místico. Lo que empiezas a ver es que el viaje espiritual consiste en profundizar cada vez más en tu ser, desplazándote detrás de la parte de ti que cambia, para buscar la parte que no cambia.

> Todo el universo no es sino un signo que debe
> interpretarse correctamente... Guerra y paz, amor
> y separación son entradas ocultas a otros mundos...
> No debemos envejecer creyendo que la verdad es lo que
> la mayoría de la gente ve a su alrededor.
>
> DEL RAMAYANA, WILLIAM BUCK

ENVEJECER CON ELEGANCIA

Aquí está el dilema: las cosas cambian. Mi coche se vuelve viejo, mi cuerpo envejece. Los cambios externos son evidentes. La tarea más dura y sutil es reconocer que los pensamientos y sentimientos también forman parte de lo que cambia.

Conforme envejeces, algunos de estos pensamientos y sentimientos de tu vida serán traumáticos porque se oponen al modelo central de quien crees que eres. Mientras te identifiques con tus pensamientos y sentimientos, mientras creas que esos pensamientos y sentimientos *eres* tú, serán una fuente de sufrimiento.

Cuando afrontas los cambios vinculados al envejecimiento, puedes quedar atrapado en una lista completa de posibilidades psicológicas desalentadoras: desesperación, depresión, sentimientos de inutilidad, frustración, duda, vulnerabilidad, olvido, irritabilidad, pérdida de autoconfianza, miedo al futuro, obsesión con las posesiones, falta de sentido, pérdida de amigos, miedo de no tener suficiente dinero, nadie a quien tocar, pérdida de poder o de influencia, falta de concentración y de objetivos, por nombrar sólo unas pocas. Parte de la trampa psicológica es tu sistema de apoyo social, que también cambia cuando te retiras del trabajo de tu vida. Tal vez tengas que dejar tu casa. Tienes menos responsabilidades. Los sistemas de recompensa por los que trabajaste tan duramente ya no te compensan. Puede que intentes mantener la seguridad psicológica aferrándote a las cosas tal como son. Pero nunca se sabe.

Hay una historia de un granjero que tenía un caballo que se escapó. Su vecino llegó y dijo: «Oh, eso es terrible».

El granjero respondió: «Nunca se sabe».

Al día siguiente, el caballo volvió y trajo con él otros dos caballos salvajes. El vecino exclamó: «Es maravilloso».

Y el granjero contestó: «Nunca se sabe».

Posteriormente, su hijo estaba entrenando a uno de los caballos salvajes, y mientras montaba sobre él, se cayó y se rompió la pierna. El vecino vino y dijo: «Es terrible».

El granjero dijo: «Nunca se sabe».

El ejército llegó reclutando a todo el mundo, llevándose a todos los jóvenes con capacidad. No se llevaron al hijo del granjero porque tenía la pierna rota. El vecino vino y dijo: «Es maravilloso».

Y el granjero respondió: «Nunca se sabe».

Y así ocurrió.

Hay un modelo espiritual que nos permitirá envejecer con elegancia en lugar del antiguo modelo psicológico, que es intimidante. Martin Buber dice: «Ser viejo puede ser glorioso si no se ha olvidado lo que conlleva comenzar».

Utiliza los nuevos sentimientos de incertidumbre y negativos sobre el envejecimiento como llamada para despertar. Ten compasión por ti mismo y permítete abrirte a los cambios, y todo el resto vendrá después.

En una tarjeta de Hallmark encontré un poema sobre el hecho de perder la cabeza. Olvidar es estupendo porque resulta divertido recordar. Pero el mayor temor psicológico que tenemos es el de perder nuestra cabeza. Este poema dice:

Sólo una línea para decir que estoy vivo, no me encuentro entre los muertos,
aunque cada vez olvido más cosas y tengo más confusa la cabeza.
A veces no puedo recordar cuando permanezco a los pies de las escaleras
si debo subir para algo o si sólo he bajado de allí.
Y delante del frigorífico, a menudo, mi pobre mente está llena de dudas
sobre si he metido comida o si he ido a coger algo. Y hay
veces en que está oscuro con mi gorro de noche sobre mi cabeza
y no sé si estoy yendo a dormir o saliendo de la cama.
Entonces, si me toca a mí escribirte, no hay necesidad de sufrir dolor.
Tal vez piense que he escrito y no quiera ser pesado.
Recuerda que te amo y que deseo que estés aquí.
Es casi la hora de recogida del correo por lo que te diré adiós, querida.
Allí estoy, al lado del buzón, con la cara roja.
En lugar de enviarte mi carta, la he abierto.
Me encantan mis nuevas gafas bifocales, mi dentadura me sienta bien,
mi aparato de audición es perfecto, pero, Señor, echo de menos mi mente.

Es más fácil librarnos de los cambios del envejecimiento cuando no afectan a la propia personalidad. Aunque puedas ver el cuerpo como objeto, es muy difícil ver la personalidad como objeto porque te has identificado con ella durante mucho tiempo. Crees que eso es lo que eres. Aunque sigan cambiando, tú sigues identificándote con esos pensamientos y sentimientos.

Ahora nos introducimos más en el meollo del asunto: ¿puedes encontrar un lugar para estar, en relación con los cambios, donde no te sientas asustado por ellos? ¿Puedes vivir con la presencia de los cambios, incluso disfrutarlos –trabajar con los cambios, convertirte en un anciano, hacer todas las cosas que conllevan cambios–, y al mismo tiempo cultivar la ecuanimidad, la claridad, el amor por la conciencia, la compasión y la alegría? Equilibrar esas cualidades es en realidad en lo que consiste el profundo trabajo espiritual.

LIBRE PARA SER

Una de las razones por las que la vejez es tan desconcertante para muchas personas es que cambian sus roles, y con esos cambios experimentan una pérdida de objetivos; un menor sentido del valor, identidad y autoestima; confusión sobre cómo comportarse; un sentimiento de que ya no nos necesitan. La gente siente incertidumbre sobre cómo reestructurar sus vidas, cómo manifestarse en forma de un ser cuya función ahora es totalmente desconocida para ellos. La jubilación y tener hijos que dejan el nido parental son dos cambios de roles que vienen a la mente.

Debes reconocer en ti mismo las fuerzas conflictivas; parte de ti quiere ser eficaz en el mundo, y parte de ti quiere ser contemplativo. Concede algún espacio a esa parte contemplativa. Riégala un poco y dale algo de luz solar para que crezca, en lugar de tratarla como un error. Date la oportunidad de llorar: por el fin de tus sueños, por el fin de la niñez, por todas las personas que se van, por la tristeza de la separación.

Cuando experimentes miedo o no estés seguro sobre tu situación, hay un hermoso y muy poderoso mantra que puedes decir: «El poder de Dios está dentro de mí. La gracia de Dios me rodea». Repítetelo a ti mismo o a un ser querido necesitado. Te protegerá. Experimenta su poder. Es como una sólida barra de acero que se extiende desde lo más alto de tu cabeza hasta la base de tu ser. La gracia te rodeará como un campo de fuerza.

Uno de los regalos de la vejez es no tener ya que preocuparse mucho por lo que los demás piensen de nosotros. Envejecer nos permite ser más excéntricos. Cuando éramos más jóvenes, se esperaba que nos comportáramos de cierta manera. A medida que envejecemos, podemos dejar que todo se desmorone un poco más. Somos libres para ser nosotros mismos –hacer caso a nuestra intuición, experimentar o no hacer nada en absoluto–, ya que la edad nos libera de nuestros antiguos roles y nos ofrece un tipo diferente de libertad y una forma de ser auténtica. Nadine Strain tenía ochenta y cinco años cuando escribió el poema «Instantes»:

> Si pudiera vivir nuevamente mi vida,
> Me gustaría cometer más errores en la siguiente ocasión. Me relajaría. No intentaría ser tan perfecto.
> Sería más tonto de lo que he sido en este viaje, de hecho
> tomaría muy pocas cosas con seriedad.
> Escalaría más montañas y nadaría por más ríos.
> Comería más helado y menos alubias.
> Tal vez tendría más problemas reales, pero tendría menos imaginarios.
> Ya ves, fui una de esas personas que vivió sensatamente
> hora tras hora, día tras día.
> Oh, he tenido mis buenos momentos, y si tuviera que hacerlo de nuevo,
> tendría más. De hecho, intentaría no tener nada más.
> Sólo buenos momentos, uno tras otro, en lugar de vivir tantos años anticipándome a cada día.
> He sido una de esas personas que nunca va a ningún lugar sin el termómetro, una botella de agua caliente, un chubasquero y un paracaídas.
> Si tuviera que hacerlo de nuevo,
> viajaría más ligero de lo que lo he hecho.

Si tuviera que volver a vivir mi vida, comenzaría descalzo el principio de la primavera
y me quedaría así hasta más adelante, en el otoño.
Iría a más bailes. Me montaría en más tiovivos.
Cogería más margaritas.[13]

No te quedes atrapado en tus antiguos roles. Si cultivas las formas en que existes detrás de la personalidad, la pura conciencia del testigo, el lugar de «amo la conciencia» de tu corazón, empezarás a vivir más en tu alma. Si ves al Amado cuando miras a otro ser, entonces todos a quienes ves son almas, así como un espejo para tu propia alma.

Las relaciones se hacen hermosas. La lucha de cada persona, el viaje de cada persona, es exquisito. Detente un momento y valora esa belleza. Es preciosa. La mayoría de las personas no tienen ni idea de que son hermosas. Están ocupadas no siendo bellas porque piensan: «Si tuviera esto o esto otro, entonces sería bello». Pero quienes son –su dolor y su belleza– es todo hermoso.

El Amado se te sigue apareciendo de una u otra forma. Puedes cultivar esta perspectiva y practicar tu capacidad para ver el alma. Ver la sutileza del interior de otra persona también depende de tu capacidad para reconocerla en ti mismo. Se necesita el Uno para conocer al Uno.

DEJÁNDOTE LLEVAR… DE NUEVO

El envejecimiento consciente tiene que ver con dejarse llevar, lo cual te permite introducirte en el momento presente, dentro del espíritu. Mantente firme, déjate llevar suavemente.

13. Nadine Strain, del poema «If I Had My Life to Live Over». Este ensayo reimprimido a menudo se suele editar en forma de poema, y el nombre que se le da al autor es Nadine Stair. Pero el periodista de Kentucky Byron Crawford, en su colección de ensayos de 1994, *Kentucky Stories*, dice que fue publicado originalmente como ensayo en la revista *Family Circle*, en marzo de 1978. La revista se equivocó en el nombre del autor: debería ser Nadine Strain. Strain vivió en Louisville, Kentucky.

Hacer creer que has hecho algo que en realidad no has finalizado ralentizará tu viaje hacia Dios. De igual modo, intentar mantener algo con lo que has terminado también ralentizará tu viaje.

¿Cómo es tu relación con eso? Abandonas las cosas que no te llevan hacia Dios. ¿Qué abandonas? No son sólo cosas materiales; son también las formas en que te identificas, cómo te sientes contigo mismo. Por ejemplo, abandona tu falta de merecimiento. No lo analices; limítate a abandonarlo. Prosigue abandonando tu culpa, tu ira y tu preocupación por tu propio melodrama. No es nada más que un melodrama, una telenovela. ¿No sabes ya cómo termina?

Elegiste este nacimiento porque tienes trabajo por hacer que incluye sufrimiento y las clases de situaciones en las que te encuentras. Éste es tu currículum para este nacimiento. Donde estás ahora, con tus neurosis y problemas, es exactamente el lugar adecuado. Es éste, y es perfecto. Vive la vida plena y con abundancia como un compañero de Dios, y acepta lo que llega con la apertura y el amor.

SER CON LO QUE ES

Expande tu percepción del mundo para incluir la horrible belleza de la decadencia. Contempla la decadencia y observa lo bella que es a su manera. Mi querida amiga Laura Huxley tenía una colección de bonitos frascos de farmacia en su cocina, por encima del fregadero. Ella cogía hojas de remolacha y cáscaras de naranja y otras cosas, las ponía en agua en los frascos y las dejaba que se pudrieran lentamente y que se descompusieran en bellas formaciones, captando la luz. Era la decadencia hecha arte. Hay una verdadera belleza en eso.

Hay horror y belleza en todo. Miro mi mano y se está descomponiendo. Es bella y horrible al mismo tiempo, y me limito a vivir con ella. Contempla la belleza y la perfección de la decadencia del mundo a tu alrededor y en ti mismo, y simplemente permítelo ser.

Hay algunas ventajas no valoradas del envejecimiento. La misma fragilidad de la edad guarda sus secretos. Para muchas personas te conviertes en irrelevante, lo cual te concede más tiempo para realizar trabajo interno. Francis, que vivía un asilo, me escribió: «La falta de fuerza física me mantiene inactivo y a menudo en silencio. Me llaman senil. La senilidad es una cómoda clavija en la que colgar el inconformismo. Una nueva serie de facultades parece entrar en acción. Parece que me despierte en un mundo más grande de admiración, para captar pequeños destellos de la inmensidad y la diversidad de la creación. Más que en ninguna otra época de mi vida, parece que soy consciente de las bellezas de nuestro planeta giratorio y del cielo que está sobre él. La vejez está agudizando mi conciencia».

Es interesante ver cómo envejecer puede mejorar nuestra espiritualidad. Yo iba a Burma, a sentarme para meditar. Entraba en una celda. Me sentaba, sin libros, sin televisión, sin computadoras, sin nadie para hablar. Simplemente me sentaba y me concentraba en mi interior. Iba al lugar más tranquilo que podía encontrar. Sólo mira lo que ocurre cuando envejeces. Pierdes oído, pierdes vista, no puedes moverte igual de bien, te desplazas con más lentitud. Un momento ideal para meditar. Si hay algún mensaje claro, ése es. No obstante, tratamos el envejecimiento como un error o un fracaso.

Esta distorsión nace de definirnos en términos de hacer en lugar de ser. Pero detrás de todo lo que se hace, todos los roles, simplemente *eres*: pura conciencia, pura energía. Cuando vives plenamente en el momento presente, estás fuera del espacio y del tiempo.

Trungpa Rinpoche comenta: «Nuestras vidas despiertan mediante una magia ordinaria». Lo milagroso tiene lugar en las cosas cotidianas. Si practicamos el ser aquí y ahora, desarrollamos la sensibilidad para percibir y apreciar los milagros diarios de nuestras vidas.

Durante un tiempo, yo viví en un viejo autobús de colegio y pasé muchos días en campamentos con vecinos mayores que yo. Previamente, en sus vidas, estas personas se habían concentrado en planificar el futuro. Ahora que el futuro había llegado, su conciencia se ocupaba del pasado. Yo oía dosis abundantes de ensoñación sentimental. Cuando pensaba en esto, me preguntaba: «¿Qué ha ocurrido con el momento presente? ¿Qué ha ocurrido con el simple hecho de preparar té? ¿Qué le ha ocurrido a esta conciencia de limitarse a estar juntos en este hermoso lugar bajo las estrellas?».

Sus mentes conservaban una identidad que ellos reforzaban constantemente reviviendo el pasado. Cualquier recuerdo de un excelente momento que hayas conservado te mantiene alejado del momento presente. Y precisamente *aquí* está el espíritu viviente. Si no está *aquí*, entonces no está en ningún lugar.

El ahora no es la preparación para el después. Aquí y ahora es esto. Hay una amplitud, una aceptación de lo que hay en el momento, que dice: «¡Sí, eso!» a todo, ya sea feo, bonito, aburrido, confuso, muerto, enfadado, la noche oscura del alma o la luz brillante del espíritu. Ésa es sólo la forma que es. Y sólo la forma que es, *es* el espíritu.

Este momento es simplemente suficiente. Introducirse más y más por completo en el momento es valorar del todo la infusión del espíritu. Una vez que has probado cómo es ser en el espíritu, ser con el Amado, no puedes soportar estar alejado. Entrar plenamente en el momento es como pasar por una puerta hacia otra dimensión de la conciencia: en el *ser aquí y ahora*.

En *Walden*, Henry David Thoreau escribió:

> A veces... me siento en mi soleada entrada, desde que sale el sol hasta mediodía, extasiado en una ensoñación, entre los pinos, los nogales y los zumaques, en tranquila soledad y quietud, mientras los pájaros cantan o revolotean por encima de la casa sin hacer ruido, hasta que el sol al ponerse en mi ventana del oeste, o el ruido de la carreta de algún viajero en el lejano camino, me recuerda el paso del tiempo. Crecí en esas estaciones como el maíz por la noche, y fueron mucho mejores que cualquier trabajo manual que pudiera haber. No fue tiempo quitado de mi vida, pero sí por encima de mi límite habitual. Me di cuenta de lo que los orientales quieren decir con contemplación y renuncia a las obras.[14]

En una carta también escribió: «Hasta cierto punto y en raros momentos, incluso soy un yogui».[15]

---

14. Henry David Thoreau, *Walden o La vida en los bosques* (Norwalk, CT: The Easton Press, 1981). Págs. 117-118.
15. El 20 de noviembre de 1849, Thoreau escribió a Harrison Blake Concord: «Me di cuenta de lo que los orientales quieren decir con contemplación y renuncia a las obras. Hasta cierto punto y en raros momentos, incluso soy un yogui».

Capítulo 5

Vida consciente, muerte consciente

El envejecimiento nos ofrece la oportunidad de aprender a usar las sombras de nuestra vida como vehículos para nuestro despertar, y la sombra más larga de todas es la muerte. Cómo sea tu relación con la muerte es el trabajo clave espiritual del envejecimiento. Y cómo consideres la muerte es una función de cuánto identifiques con eso que muere. Los egos mueren. Las almas no mueren. Rainer María Rilke escribió:

> Pero esto: ése puede incluir
> la muerte, toda la muerte,
> incluso antes de que comenzara la vida,
> puede sujetarla a nuestro corazón
> suavemente, y no negarse a seguir viviendo,
> es indescriptible.[16]

---

16. Rainer Maria Rilke, *Duino Elegies & The Sonnets to Orpheus*, editado y traducido al inglés por Stephen Mitchell. (New York: Vintage Books, 1982, 1985, 2009) 27. Permiso de reproducción concedido por el traductor y editor.

Te animo a hacer las paces con la muerte, verla como el evento culminante de esta aventura llamada vida. La muerte no es un error; no es un fracaso. Mi maestro astral, Emmanuel, me explica que es como quitarse un zapato que aprieta. Confucio dice: «Quienes encuentran el Camino por la mañana pueden morir con alegría por la noche».

Para algunos de nosotros, el tema de la muerte es fácil de tratar, y para otros es un poco amenazante y aterrador. Me doy cuenta de todo eso. Pero parte del trabajo espiritual esencial para nosotros a cualquier edad es encontrar una forma de estar con la muerte.

La inscripción de una vieja lápida dice:

> Querido amigo,
> Por favor, debes saber, mientras pasas por delante,
> que, como tú estás ahora, yo fui una vez.
> Como yo estoy ahora, así estarás tú.
> Prepárate para seguirme.

Tomemos ese epitafio como una bendición del más allá y preparémonos. Soy consciente de que es presuntuoso por mi parte hablar sobre la muerte, como si la conociera, pero tengo *chutzpah*, que en sánscrito significa «mucho nervio». En mis vagabundeos por los ámbitos de la conciencia durante los cincuenta últimos años, me ocurrió algo que cambió mi actitud hacia la muerte. Gran parte del miedo en torno a la muerte me ha abandonado.

En parte se debe a estar con mi gurú y a captar destellos de su perspectiva. Él veía la vida y la muerte desde más allá del cuerpo físico, como parte de una gran manifestación de nacimientos y muertes.

TRATANDO CON EL MIEDO

No todo el mundo está preparado para hablar contigo sobre la muerte. Tenemos que respetar todas nuestras diferencias individuales. Hace años, mi padre estuvo a punto de sufrir una pequeña operación, y la noche anterior le visité en el hospital. Ninguna operación es pequeña cuando tienes ochenta años de edad. Fue una agradable visita. Ya me había puesto la chaqueta y estaba a punto de salir por la puerta cuando mi padre me volvió a llamar.

«En caso de que las cosas vayan mal, ¿hay algo que debería saber?», preguntó. Volví junto a su cama y le respondí: «Todo lo que puedo decirte es que, por bueno que sea esto, aquello va a ser mejor. Y vayas donde vayas, yo estaré allí».

Mi padre dijo: «Estupendo, eso es todo lo que quería saber. Nos vemos».

A muchos de nosotros, el pensamiento de la muerte, pensar en cuando nosotros o alguien a quien queremos muera, nos impide estar aquí y ahora. ¿Cuándo moriremos? ¿Cómo moriremos? ¿Qué sucederá después de morir? ¿Qué ocurrirá con nuestros seres queridos? ¿Qué ocurre con todas las cosas que esperábamos lograr? Estos miedos y ansiedades profundos sobre nuestra supervivencia nos impiden vivir plenamente en el momento presente.

La mayoría de nosotros estamos convencidos de que somos nuestros egos, que son quienes *pensamos* que somos. El ego forma parte de nuestra encarnación. Muere con el cuerpo, y ésa es la razón por la que tememos tanto a la muerte. La muerte asusta a quien crees que eres, especialmente si crees que eres este cuerpo. Permanecer junto a la muerte te obliga a abrir una parte más profunda de ti mismo. La sombra, especialmente la sombra de la muerte, es el mejor maestro para llegar a la luz. Ese miedo a la muerte es un miedo anticipatorio. La única preparación real para la muerte es el proceso de la vida momento a momento. Cuando vives en el momento presente, no estás viviendo en el futuro ni en el pasado.

> No prolongues el pasado,
> No invites al futuro,
> No alteres tu insomnio innato,
> No temas a las apariencias.
> ¡No hay nada más que eso! [17]
>
> PATRUL RINPOCHE

17. Patrul Rinpoche, de «On Meditation: Pithy and Powerful Words from Famed Teachers,» en la revista *Shambhala Sun*, marzo de 2003.

Cuando estás totalmente presente en el momento, no hay miedo anticipatorio, no hay ansiedad, porque sólo estás aquí y ahora, no en el futuro. Cuando descansamos en nuestras almas, la muerte supone sólo cerrar el capítulo de un libro.

TRATANDO CON EL DOLOR

El dolor o el miedo al dolor es una de las principales trampas para nuestro ego en el proceso de morir. Aunque las prácticas espirituales son muy útiles, el dolor es un digno adversario. Lo que más me ayuda es identificarme con el nivel del alma de la conciencia y permanecer concentrado en un mantra. Nosotros no somos nuestros cuerpos, pero cuando nuestros cuerpos experimentan dolor, a menudo es difícil de recordar. Ésa es una razón por la que es importante hacer prácticas espirituales cuando estamos sanos, de forma que permanezcamos centrados en el espíritu cuando no lo estemos.

El dolor físico o el dolor emocional son pensamientos, además de sensaciones. Al trabajar con el dolor, eres testigo de estos pensamientos y sentimientos y no te identificas con ellos. Tú no eres tu dolor. El dolor está en tu cuerpo y en tu mente.

Intenta estar presente en tu alma. No es fácil; Wavy Gravy lo resume bien: «¡El dolor es malo!». Aliviar de verdad el lado mental y emocional del dolor, tuyo o de otra persona, depende de mantener tu centro espiritual, siendo testigo desde tu corazón espiritual, y no identificándote con las sensaciones, pensamientos y emociones dolorosos. El dolor es un feroz motivador. Desde el punto de vista espiritual, es uno de esos lugares donde el caucho entra en contacto con la carretera.

En la medicina occidental convencional, la gente puede ahora decidir por sí misma, en colaboración con su médico, cuánta medicación necesita para el dolor. Resulta que cuando la gente sabe que tienen control sobre su dolor, necesita mucha menos medicación, porque a menudo el dolor empeora por el miedo al dolor.

Cuando se trabaja con el dolor hay que darle espacio, permitirle manifestarse y saber que tu conciencia del dolor está separada del propio dolor. Abrirte al dolor te permite formar parte de la realidad de la que eres testigo y disminuye la resistencia a él, lo cual te permite relajarte. Ábrete a lo que es, reconócelo, dale espacio, enfoca tu conciencia en él como en otra sensación. El dolor es, y tú *eres*.

El poeta y maestro Stephen Levine, en su libro *Meditaciones, exploraciones y otras sanaciones*, incluye una meditación para dejar pasar el dolor. Dice:

> Considera la posibilidad de que la resistencia al dolor y el miedo que el dolor puede provocar sean más dolorosos que el propio dolor. Observa cómo la resistencia cierra tu corazón y llena tu cuerpo y tu mente con tensión y enfermedad. Mantente relajando la resistencia... la rigidez... que se ha acumulado en torno al dolor. «Suavízate» en torno al dolor.[18]

Ginny era una paciente de un hospicio donde yo colaboraba, en California. La primera vez que la visité se mostró escéptica y me preguntó qué tenía yo que le pudiera enseñar. Estaba muriendo de cáncer del sistema nervioso y tenía un dolor extremo. Dijo que estaba aburrida con la muerte.

La invité a intentar estar aquí y ahora, e hicimos un poco de práctica para trasladarla al momento presente. Fuera de la ventana abierta podíamos oír jugar a los niños. Le plantee que introdujera el sonido de los niños dentro de ella. Después de un rato, sugerí que incorporase en su interior el sonido de tictac del reloj de la habitación. Se volvió muy presente. Vivir plenamente el momento y dentro de su alma la sacó del espacio y el tiempo. Esto es importante en la vida, e incluso más cuando alguien está muriendo. El alma es independiente del espacio y el tiempo.

Ginny y yo nos hicimos amigos. Hubo una temporada en que estaba tan débil que todo lo que yo podía hacer era sentarme al lado de

18. Stephen Levine, *Guided Meditations, Explorations and Healings* (New York: Anchor Books, 1991). Permiso de reproducción concedido por el autor. (Trad. cast.: *Meditaciones, exploraciones y otras sanaciones*. Los libros del Comienzo: Madrid, 1977).

su cama. Ella se retorcía literalmente de dolor, girando su cabeza y frotando sus manos sobre su cuerpo. Su expresión era de un dolor muy intenso. Me senté cerca de ella, haciendo la meditación budista del cuerpo en decadencia. Ésta es una meditación formal de las fases de la decadencia del cuerpo humano. Me senté allí, totalmente abierto, sin cerrar los ojos ni pensando en algún otro lugar, sino permaneciendo con ella, observando el dolor, presenciando todo. Yo dejaba fluir mis emociones, pero no me aferraba a ellas ni las juzgaba. Simplemente estaba viendo desarrollarse las leyes del universo, lo cual no es fácil de hacer en torno a la muerte, especialmente con alguien a quien queremos, debido a nuestro apego emocional.

Mientras estaba sentado allí observando el dolor y el sufrimiento, empecé a experimentar una profunda calma. La habitación se volvió luminosa. En ese momento, aunque su cuerpo se retorcía de dolor, Ginny se volvió a mí y susurró: «Me siento en paz». En este entorno de meditación había sido capaz de ir más allá del dolor y experimentar una profunda paz. Habíamos creado un espacio vibracional en que podíamos estar juntos. Ni ella ni yo en ese momento queríamos estar en ningún otro lugar en el universo. Un sentimiento de bendición inundó la habitación. En realidad, todo lo que yo había hecho era no asustarme porque se estuviera muriendo o sufriera dolor.

¿QUÉ MUERE?

Cada uno de nosotros tiene su propio trabajo que hacer, su dilema kármico único. Pero lo más importante es desde dónde lo hacemos, es decir, nuestra perspectiva. ¿Lo estás haciendo desde tu ego, tu rol, tu personalidad –o desde un lugar tuyo que no cambia–, tu corazón espiritual, tu alma?

¿Estás bloqueado en el tiempo o no? El tiempo es un río que fluye desde el nacimiento hasta la muerte, toda una vida. Si estás en el tiempo, sufrirás y morirás. Si cambias a tu alma tu identificación de lo que muere, entonces llegas a ese nivel de conciencia que está más allá del tiempo, aunque incluya el tiempo. Entonces eres un alma que forma parte del Uno. Y las almas no mueren.

Rilke decía: «El amor y la muerte son magníficos regalos que muchos de nosotros dejamos sin abrir».[19]

Hacer las paces con tus sentimientos hacia la muerte es el prerrequisito para vivir la vida alegremente aquí y ahora. La muerte no debe ser tratada como un enemigo para ti, que te impide disfrutar en la vida. Mantener la muerte presente en tu conciencia como uno de los mayores misterios, como el momento de increíble transformación, imbuye *este* momento de riqueza y energía añadidas.

El momento en que se afronta el miedo a la muerte cambia el sentido de la vida. De otro modo, tu miedo distorsiona tu percepción todo el tiempo, y sientes pánico cuando alguien se acerca a la muerte. Ese pánico se debe a tu identificación con esos pensamientos.

El viaje de la conciencia consiste en llegar a un equilibrio en la vida en que estás abierto al misterio de todo. No puedes estar abierto cuando estás cargado con mucho material conceptual. En mi propia conciencia observo cuánto tiempo tarda, cuándo no se cumple una expectativa, antes de volver de nuevo a estar en el momento presente. ¿Cuánto tiempo antes puedo olvidarme de no conseguir lo que quería y sólo estar con lo que es?

Mientras te identifiques con la parte de ti que muere, hay siempre miedo a la muerte, porque es el miedo al cese de la existencia. Gracias a mis experiencias con setas psicodélicas en los años sesenta, tenía la experiencia profunda e inefable de la pura conciencia más allá de mi cuerpo y sabiendo que esta esencia de mi conciencia está más allá de la muerte. Poco después, Aldous Huxley nos dio *El libro tibetano de los muertos* a Tim Leary y a mí. Lamas lee en voz alta este libro a sus

19. Esta línea de Rilke se suele traducir por «El amor y la muerte son los mejores regalos que nos dan, pero en su mayor parte no se abren». En una comunicación personal, el traductor Stephen Mitchell me dijo: «Hice alguna búsqueda en Internet y descubrí esta cita en alemán, aunque no la fuente: "Die Liebe und der Tod sind grandiose Geschenke, die viele von uns ungeöffnet lassen". La traducción debería decir: "El amor y la muerte son magníficos regalos que muchos de nosotros dejamos sin abrir". Rilke no dice que ellos sean *los* grandes regalos, y no dice "grandes"; tampoco dice que "se dejen". ¿Cómo podríamos dejar pasar a la muerte? La muerte nos la dan, no la creamos nosotros. Lo mismo sucede con el amor. Es un regalo que *no podemos* dejar pasar; podemos abrirlo o no, y esa apertura también es un regalo. Lo mismo sucede con la no-apertura».

compañeros monjes cuando están muriendo y en los días posteriores a la muerte. El libro tiene cientos de años, y sin embargo describe las mismas experiencias que yo tuve con las setas, llevándome en el mismo ciclo a la naturaleza universal de estas experiencias.

Estos asuntos de muerte, dolor y sufrimiento nos llevan al mismo límite de la capacidad de nuestra mente para tratar con el misterio de la vida. Muchas personas confían en la religión para tranquilizarse ante la muerte. Pero las enseñanzas religiosas son sistemas de creencias que forman parte de la estructura mental, y el miedo es inherente a un sistema de creencias, porque, cuando mueres, muere tu mente y tus creencias junto con ella. Una creencia no te mantendrá caliente en una noche fría.

Lo que puede servirte es la fe. No fe en algo externo; me refiero a vivir *en* la fe. Es fe en el sentido de que vivo en la maravilla absoluta, en la presencia del gran misterio.

En nuestra cultura occidental, aunque la muerte ha salido del armario, aún no se ha experimentado ni discutido abiertamente. Cuando viví en la India descubrí que las diferencias entre nuestra visión de la muerte y la de ellos es enorme. En la India, la muerte es una parte familiar de la vida. Permitir que morir esté tan intensamente presente enriquece el valor de cada momento y nuestro desapego de él.

En la India no es inusual ver llevar un cuerpo por la calle, de camino al *ghat* ardiendo, para ser incinerado. El cuerpo sale con la cabeza mirando a su casa física. A medio camino de la cremación, se da la vuelta al cuerpo, de forma que la cabeza mire en dirección opuesta, hacia el ghat ardiendo, para simbolizar la transición a la casa espiritual. En todo momento, las personas de la procesión cantan «Ram Nam Sathya Hai, Sathya Bol, Sathya Hai», que significa «El nombre de Ram [Dios] es la Verdad».

Un día Maharaj-ji caminaba con un seguidor muy antiguo, cuando de repente miró hacia arriba y dijo: «Ma acaba de morir». Ella era una anciana y una gran devota. Puesto que vivía en una ciudad lejana, era evidente que él había visto su muerte en otro nivel. Entonces rio y rio. Su seguidor se sorprendió y llamó «carnicero» a Maharaj-ji por reírse ante la muerte de una mujer tan hermosa y pura. Maharaj-ji se dio la vuelta y dijo: «¿Qué quieres que haga? ¿Actuar como una de las marionetas?».

Maharaj-ji a menudo hablaba sobre la muerte a sus seguidores, y sus percepciones tenían un gran efecto en mi actitud ante la muerte. Algunas de las cosas que decía eran: «El cuerpo muere. Todo es temporal excepto el amor de Dios», y «El cuerpo muere, pero no el alma». También decía: «Este mundo es todo apego. Nos preocupamos porque nos apegamos».

Cuando el gran santo del sur de la India Ramana Maharshi estaba muriendo de cáncer, sus médicos quisieron tratarle, pero él se negó diciendo: «Este cuerpo está gastado». Sus seguidores, que le querían mucho, gritaban: «Bhagawan [Bendito], no nos dejes, no nos dejes». Él contestó: «No seáis tontos, ¿adónde puedo ir?».

La idea bíblica de la muerte y el alma que nace de nuevo en la verdad, en la sabiduría o en el espíritu es en lo que realmente consiste nuestra relación con la muerte. Como dice el Bhagavad Gita: «Nacemos en el mundo de la naturaleza; nuestro segundo nacimiento es en el mundo del espíritu».

Cuando te liberas de una rígida identificación con el cuerpo, la personalidad y la mente, empiezas a tener espacio para permitir que la muerte forme parte de los procesos de la vida y no del fin de la existencia. Yo siento esto muy profundamente.

La gente me pregunta si creo que hay continuidad después de la muerte. Yo digo que no lo creo; simplemente la hay. Esto ofende mucho a mis amigos científicos. Pero la creencia es algo que tienes con el intelecto, y para mí esto va más allá de mi intelecto. El Bhagavad Gita también nos dice: «Tal como el Espíritu de nuestro cuerpo mortal deambula en la niñez, la juventud y la vejez, el Espíritu deambula en un cuerpo nuevo; de esto, los sabios no tienen duda». Como dice Krishna: «Porque todos hemos sido durante todo el tiempo... Y nosotros seremos durante todo el tiempo, por los siglos de los siglos».

En un país budista, en una época antigua, un ejército pasaba por los pueblos y mataba a muchas personas. Destripaban a los monjes para librarse del budismo, lo cual ocurría muy a menudo en la época de Gengis Khan. Había un comandante especialmente duro que tenía fama de ser muy cruel. Llegó a una ciudad y dijo a su ayudante: «¿Qué ocurre en la ciudad?».

El ayudante dijo: «Todo el mundo te teme. Todos te tienen miedo. Todos los monjes del monasterio han huido a las montañas, excepto uno».

El comandante estaba furioso porque aún hubiera un monje. Se dirigió hacia el monasterio, abrió las puertas y en el centro del patio estaba el monje de pie. El capitán fue hacia él y dijo: «¿No sabes quién soy? Podría coger mi espada y atravesar tu barriga sin pestañear».

«¿Y tú no sabes quién soy yo?», dijo el monje. «Podría atravesar mi barriga con tu espada sin pestañear».

El comandante hizo una reverencia y se marchó.

Cuando te introduces en la literatura espiritual, empiezas a ver la muerte con claridad. Un maestro zen estaba muriendo. Se supone que los maestros zen dejan un verso sobre la muerte, y éste no lo había escrito aún. Sus seguidores estaban muy preocupados porque muriera antes de escribir su verso. Decían continuamente: «¿Qué hay de tu verso? ¿Qué hay de tu verso?». Así que cogió su pincel y escribió: «La Tierra es así, la muerte es así. Verso o no verso, ¿cuál es el problema?». Y entonces murió.

En su prólogo a una edición de 1960 de *El libro tibetano de los muertos*, Lama Anagarika Govinda escribió:

> Puede decirse que nadie puede hablar sobre la muerte con autoridad si no ha muerto; y, puesto que, al parecer, nadie ha vuelto de la muerte, ¿cómo podemos saber qué es la muerte o qué sucede tras ella?
>
> El tibetano contestará: «No hay *ninguna* persona, en efecto, *ningún* ser vivo que no haya vuelto de la muerte. De hecho, todos hemos muerto muchas veces antes de llegar a esta encarnación. Y lo que llamamos nacimiento es simplemente el lado opuesto de la muerte», como una de las dos caras de una moneda, o como una puerta que llamamos «entrada» desde el exterior y «salida» desde el interior de una sala.
>
> Es mucho más sorprendente que no todo el mundo recuerde su muerte anterior; y, debido a esta falta de recuerdo, la mayo-

ría de las personas no creen que hubiera una muerte anterior. Pero, de igual modo, no recuerdan su nacimiento, y no obstante no dudan de que han nacido hace poco.[20]

ESTAR CON ALGUIEN QUE SE MUERE

Me siento al lado de personas que se están muriendo. Soy uno de esas personas raras que disfrutan estando con alguien que se está muriendo porque sé que voy a estar en presencia de la Verdad. Estuve con mi madre, y después con mi madrastra, cuando se estaban muriendo. Estoy profundamente agradecido por esas experiencias.

Mi madre se estaba muriendo a principios de febrero de 1966, en un hospital de Boston. Yo estaba sentado al lado de su cama. Por entonces yo había estado trabajando durante varios años para comprender mi propia conciencia. Ella estaba durmiendo. Me encontraba en modo de meditación, consciente y observando lo que ocurría mientras los parientes, los médicos y las enfermeras entraban en la sala del hospital y decían: «Gertrude, ¿cómo estás?». Escuché el tono alegre de la enfermera. Me di cuenta de que mi madre estaba rodeada por una conspiración de negación. Yo veía a la gente llegando a la habitación, todos los parientes, médicos y enfermeras diciendo que tenía mejor aspecto, que lo estaba haciendo bien, y entonces salían de la habitación y decían que no viviría lo que quedaba de semana. Pensé lo extraño que era que un ser humano que pasaba por una de las transiciones más profundas de su vida estuviera totalmente rodeado de engaños. ¿Puedes oír el dolor de eso? Vino una mujer y dijo: «El médico me acaba de decir que hay un nuevo medicamento que creemos que puede ser útil».

Nadie podía ser sincero con ella porque todo el mundo tenía demasiado miedo: todos ellos, todos, incluso el rabino. Mi madre y yo hablamos sobre ello. En cierto momento, cuando no había nadie más en la habitación, se volvió hacia mí y dijo: «¿Rich?». Yo estaba sentado

20. Lama Anagorika Govinda, en el prólogo a *El libro tibetano de los muertos*, compilado y editado por W.Y. Evans-Wentz (London: Oxford University Press, 1927).

allí –sin juzgar, no haciendo nada, sólo sentado– y nos encontrábamos juntos en ese espacio.

Ella dijo: «Rich, creo que voy a morir».

Yo respondí: «Sí, también lo creo yo».

Imagina lo que debió significar para ella tener a alguien que afirmara lo que ella sabía. No podía encontrar a nadie en toda la serie de amigos, parientes, médicos y enfermeras que lo reconociera.

Me preguntó: «¿Cómo crees que va a ser, Rich?».

Dije: «Bueno, por supuesto no lo sé. Pero te miro y puedo ver tu cuerpo descomponiéndose. Es como una casa que se quema. Pero tú sigues ahí, y me imagino que cuando el edificio se queme, se marchará y tú seguirás ahí. Me parece que la forma en que tú y yo estamos conectados no se define en realidad por este cuerpo que se está desintegrando, porque te oigo como siempre te he oído. Me siento como me he sentido siempre. No obstante, este cuerpo se está descomponiendo ante nosotros».

«Creo en la forma en que tú y yo nos queremos, que el amor trasciende la muerte». Ésa fue una relación muy conmovedora para nosotros.

Más adelante estuve con mi madrastra, Phyllis, cuando estaba muriendo de cáncer. Phyllis tenía sesenta y nueve años, y mi padre era dieciocho años mayor. Cuando se casaron, yo entregué a la novia. Éramos buenos amigos. Ahora estaba muriendo, y mi papel era estar con ella y ayudarla a pasar el proceso.

Ella y yo habíamos estado juntos con los médicos y había hecho todo lo relacionado con los informes y lidiado con todas las emociones. Phyllis era una señora muy fuerte de Nueva Inglaterra, una mujer maravillosa, bien asentada, jugadora de póker. Le gustaba discutir y era obstinada, simplemente divertida.

Tenía una forma flemática de vivir la vida, y se aproximaba a la muerte de la misma forma.

Mi tarea no era decir: «Oye, Phyllis, deberías abrirte a esto». No era mi función. Mi tarea era simplemente estar allí con ella. Así que me tumbaba en la cama, nos cogíamos el uno del otro y charlábamos. Hablábamos sobre la muerte y cómo pensábamos que podía ser y todo eso, pero ella aún se sentía muy fuerte.

El dolor del cáncer era intenso, y con el paso del tiempo al final venció a su voluntad. Llegó un momento, tal vez cuatro o cinco días antes de su muerte, en que se rindió.

En nuestra cultura, rendirse se considera un fracaso. Todo el mundo dice que hay que seguir intentándolo, seguir intentándolo. El resultado es que a veces transmitimos a los moribundos una falsa esperanza que nace de nuestro propio miedo.

Con Phyllis yo me limitaba a ser abierto, y ella podía preguntar lo que quisiera. Yo no dije: «Ahora déjame enseñarte sobre la muerte», porque ella no lo habría aceptado. Pero entonces se rindió. En el momento en que lo hizo, fue como ver abrirse un huevo. Emergió un nuevo ser que era radiantemente hermoso, presente, iluminado y alegre.

Era un ser que en algún nivel intuitivo profundo se conocía, pero que nunca tuvo tiempo durante su vida adulta. Se abrió a este ser y juntos disfrutamos con todo su resplandor. En ese momento ella se había marchado a otro nivel de conciencia. Estábamos juntos hablando, pero el dolor y el proceso de morir se habían convertido en un fenómeno. Ya no estaba ocupada muriendo; simplemente era, y la muerte estaba teniendo lugar.

Para completar esta historia, para contarte lo extraordinaria que fue esta transformación, justo en el último momento dijo: «Richard, por favor, siéntame». Así que la senté. Apoyé sus piernas sobre la cama y coloqué su cuerpo inclinado hacia delante. Puse mi mano sobre su pecho y su cuerpo cayó. Puse mi otra mano en su espalda y su cabeza quedó colgando. Apoyé mi cabeza junto a la suya. Estábamos sentados juntos. Respiró tres veces –respiraciones lentas y profundas– y se marchó.

Si lees los antiguos textos tibetanos, sabrás que cuando los lamas conscientes abandonan su cuerpo, se sientan, respiran tres veces y se marchan. ¿Quién era Phyllis? ¿Cómo sabía eso? ¿En qué consistía eso?

Éstos son los misterios con los que vivimos.

Mi querida amiga Deborah estaba muriendo en el hospital Monte Sinaí, de Nueva York. Era miembro del centro de zen de Nueva York, y cada noche sus amigos del centro acudían a la habitación de su hospital para meditar. Los médicos que entraban en la habitación se sorprendían de encontrarse iluminados por velas, respirando el aroma del incienso y la profunda paz de las personas que meditaban. En este ajetreado hospital de una gran ciudad, este grupo de personas que meditaban había redefinido la metáfora de morir.

Puedes crear tu universo en cualquier lugar donde estés. Un hospital es simplemente un colectivo de seres que comparten un modelo determinado sobre de qué trata todo. Cada noche sus médicos entraban en la habitación cuidadosamente.

Curar una enfermedad del cuerpo no siempre es una alternativa, pero curar al nivel del alma siempre es posible. Al trabajar con quienes están muriendo, ofrezco a otro ser humano un amplio entorno con mi mente, en el que pueden morir cuando necesitan hacerlo. Yo no tengo derecho a definir cómo debe morir otra persona. Sólo estoy allí para ayudarles en la transición si necesitan hacerla. Mi papel es sólo ser una roca viviente al lado de su cama.

Cuando Wavy Gravy, el príncipe payaso de la comuna Hog Farm, habla con los niños sobre la muerte, les dice que consiste en deshacerse de su cuerpo, igual que quitarse un traje de ropas viejas, y acudir a la luz que les llevará a Dios, su amigo.

Trabajar con los moribundos es como ser una partera para este gran rito de paso hacia la muerte. Igual que una partera ayuda a un ser a tomar su primer aliento, ayudamos a un ser a tomar su último aliento. Estar allí plenamente requiere permanecer vinculado con profundidad a la compasión y al amor. La compasión, en este caso, consiste en convertirse los dos juntos en quienes son; igual que la mano derecha cuida de la izquierda.

En *Meditaciones, exploraciones y otras sanaciones*, Stephen Levine dice:

> La muerte es una ilusión que parece que todos aceptamos... Pero la muerte, como cualquier cosa que capta la atención del corazón, puede sacar lo mejor de nosotros. Hemos visto a muchas personas cuando se aproximan a la confusión que rodea a la muerte, que van más allá de esa angustia y se hacen uno con el proceso... Profundizan el trabajo al que dieron forma para completarlo. Ya no son seres separados, personas que «mueren

conscientemente». Son simplemente espacio dentro del espacio, luz dentro de la luz.[21]

En el moribundo debes ver sólo lo que es eterno. Entonces podréis comunicaros como almas.

Cuando estés con alguien que está muriendo, quédate allí con él. Todo lo que tienes que dar es tu propio ser. Sé sincero. Medita y ten en cuenta que hay dolor o confusión, y que aquí estamos, en tranquila ecuanimidad. Todos tenemos límites de tolerancia. Permanece tan claro y consciente como te resulte posible cuando alguien se aproxime a la muerte. Ábrete a lo inesperado. Ábrete y permanece concentrado. Si lo consigues, tu tranquila presencia ayudará a liberar todo lo que te rodea. Entra en ti mismo, en ese tranquilo lugar donde *eres* sabio. La sabiduría conlleva compasión. La compasión entiende la vida y la muerte. La respuesta al acto de morir es estar presente en el momento. Aprender a morir es como aprender a vivir. Y la forma en que lo haces es viviendo cada momento –éste, luego otro–, simplemente estar aquí y ahora.

El momento en que el alma abandona el cuerpo es evidente y profundo. Compartir la conciencia con una persona que está muriendo, estar con ella y ayudarla a morir conscientemente, es una de las manifestaciones de ayuda más exquisitas. Es un papel que tal vez quieras probar.

MUERTE CONSCIENTE

Mi perspectiva ha evolucionado para ver la muerte –el momento de la muerte– como una ceremonia. Si hay gente sentada a tu lado para ayudarte a pasar por esta ceremonia de morir, ayúdala a verte como el alma que realmente eres, no como tu ego. Si te identifican por tu ego,

21. Stephen Levine, *Guided Meditations, Explorations and Healings* (New York: Anchor Books, 1991). Permiso de reproducción concedido por el autor. (Trad. cast.: *Meditaciones, exploraciones y otras sanaciones.* Los libros del Comienzo: Madrid, 1977).

durante la última parte de esta ceremonia se aferrarán a ti y te perturbarán en lugar de facilitar tu transformación.

Sadhana, una práctica concreta o tu transformación espiritual absoluta, comienza contigo como un ego y evoluciona hasta convertirte en un alma, lo que eres de verdad. El ego se identifica con la encarnación, que se detiene en el momento de la muerte. El alma, por otra parte, ha experimentado muchas muertes. Si has hecho tu sadhana por completo, no habrá miedo a la muerte, y morir será sólo otro momento más.

Si vas a morir conscientemente, no hay momento como el presente para prepararte. Ésta es una breve lista de algunas de las formas de abordar tu propia muerte:

- Vive tu vida de forma consciente y plena. Aprende a identificarte y estar presente en tu alma, no en tu ego.
- Llena tu corazón de amor. Vuelve tu mente hacia Dios, el gurú, la Verdad.
- Continúa con todas tus prácticas espirituales: meditación, mantra, kirtan, todas las formas de devoción.
- Permanece presente en la muerte de tus padres, seres queridos o animales queridos. Sabes que la presencia de tus amados permanecerá cuando estés tranquilo y los saques a tu conciencia.
- Lee sobre las muertes de grandes santos, lamas y yoguis como Ramana Maharshi.
- Si hay dolor en el momento de la muerte, intenta estar lo más consciente posible. La medicación para el dolor ofrece algo de consuelo, pero nubla tu conciencia.
- Para estar en paz en el momento de tu muerte, busca hoy la paz en tu interior. La muerte es otro momento. Si no tienes paz hoy, probablemente no la tendrás mañana.

La muerte repentina es, de muchas formas, más difícil de trabajar espiritualmente que una muerte lenta. Si somos conscientes de que la muerte puede tener lugar en cualquier momento, debemos empezar a trabajar de forma constante en nosotros mismos, prestando atención momento a momento a la satisfacción de nuestras mentes. Si practicas el aquí y ahora, permaneciendo plenamente en el momento durante tu vida, si vives en ese espacio, entonces el momento de la muerte es sólo otro momento. Permíteme contarte una historia sobre cómo vivir así.

A un monje lo persigue un tigre. Corre lo más rápido que puede, pero el tigre le pisa los talones. Delante de él hay un acantilado con una vid colgando del borde. Se agarra a la vid y empieza a descender por la ladera de la montaña, donde, justo debajo, ve a otro tigre acechando en un saliente, debajo de él. Un tigre arriba y un tigre debajo, él colgando, agarrado a la vid. Entonces observa que dos pequeños ratones han ascendido y han empezado a mordisquear la vid que le sujeta. En ese momento tan desesperado, ve a su lado un fresal salvaje, maduro y rojo, creciendo a un lado de la montaña. Coge una fresa y la come. ¡Qué dulce sabe!

En el Tíbet, cuando dan instrucciones para el final de la vida, dicen: «Cuando salga el elemento tierra, tu cuerpo se sentirá pesado. Cuando salga el elemento agua, sentirás sequedad. Cuando salga el elemento fuego, sentirás frío. Y cuando salga el elemento aire, tu espiración durará más que tu inspiración. Los signos están aquí ahora. No te pierdas en los detalles. Libera tu conciencia». Puedes imaginar que, en su lugar, se dice «vaya, tengo sed» o «ella tiene sed, dadle agua», un reconocimiento de «vaya, el elemento agua».

Un sentimiento de expansión cuando entras en la muerte: eso es sólo una metáfora. Nuestra idea de pasar de un nivel a otro es como subir escalones en una escalera, o, como dijimos antes, sintonizar otro canal del televisor. Tienes que dejarte llevar cuando abandones el plano físico. Cuando yo guiaba viajes psicodélicos, la gente tenía malos viajes porque no podían dejarse llevar cuando su conciencia se expandía y afrontaban la eternidad. Debes abandonar tu individualidad, tu nombre, tu historia, tus amigos, tu gato, tu cuerpo. Esa entrega es la reunión con el infinito.

> Vacía tu mente de todo pensamiento.
> Deja que tu corazón esté en paz...
> Cada ser individual del universo
> vuelve a la fuente común.
> Volver a la fuente es serenidad.
> Si no eres consciente de la fuente,

tropiezas por confusión y pena.
Cuando eres consciente de dónde vienes,
te vuelves naturalmente tolerante,
desinteresado, entretenido,
bondadoso como una abuela,
digno como un rey.
Inmerso en las maravillas del Tao,
puedes tratar con todo lo que la vida te conceda,
y cuando llegue la muerte, estarás preparado.[22]

LAO-TZU, TRADUCIDO AL INGLÉS POR STEPHEN MITCHELL

Sea lo que sea lo que tengas que hacer para prepararte para morir, deberías haberlo hecho hace un minuto. Hazlo ahora y prepárate. Cada momento es el momento en que mueres. Cada respiración es la primera y la última. Un ser consciente no se aferra a ningún lugar.

EL LUTO

A menudo trabajo con los familiares que han perdido a alguien y están de luto. Están así por su vínculo con el lugar de ellos mismos en que se sienten seguros en el universo y en casa, queridos y en paz. Cuando muere alguien cercano, esa sensación de seguridad queda anulada. Yo animo a la gente a quedarse con lo que están sintiendo, con su pena.

Nuestra cultura occidental dice: «Está bien que lo hayas superado. Ahora puedes empezar a vivir la vida de nuevo». Pero el apego a nuestros seres queridos es muy profundo, y el luto tiene que recorrer su camino. Limítate a permitir ese dolor del ser humano. El paso del tiempo es curativo. Durante esta fase de curación, rodéate y aíslate con amor.

Estarás de luto y pasarás por todas las respuestas emocionales. Después llegará un momento en que, de repente, despiertas al hecho de

---

22. Lao-Tse, #16 de *Tao Te Ching, A New English Version, with Foreword and Notes*, traducido al inglés por Stephen Mitchell (New York: HarperCollins, 1988). Permiso de reproducción concedido por el editor.

que el amor que compartiste con esa persona sigue ahí. Tal vez estés viendo una puesta de sol o sentado tranquilamente. En ese momento empezarás a dejar de ver a esa persona como una entidad separada, y le permitirás unirte con tu alma... con amor.

Cuando tú y otra persona entráis juntos en el amor, entráis en un momento unitivo que trasciende la muerte. Sé consciente de que te sientes enriquecido por todo el mundo al que has amado, en lugar de verte privado por la pérdida de su forma. Serás consciente de que siguen viviendo en tu corazón. Todas las personas a las que has amado alguna vez forman parte de la tela de tu ser. Y ahí es donde la pena se transforma en un espacio vivo y amante, una trascendencia espiritual del dolor.

El amor trasciende la muerte. Aun así, *ser* esa sabiduría es diferente que conocerla. La muerte es sólo un momento, un momento de transición.

Si tú sabes ser tu alma, habrás pasado muchas, muchas muertes propias, mediante muchas distintas encarnaciones. Aquellos por quienes estás de luto son también almas que pasan por muertes, nacimientos, muertes, nacimientos.

Si te identificas con tu propia alma, podrás comunicarte con otras almas aunque se encuentren en un nivel distinto. Yo sigo comunicándome con mi gurú, aunque murió en 1973. Después de morir, él estaba en todas partes.

Rachael, de once años de edad, y su amiga, fueron a un centro judío local para jugar al tenis, y Rachael fue raptada y asesinada. Esa noche recibí una llamada de un amigo que me dijo que los padres habían leído mis libros y escuchado mis cintas.

¿Había algo que yo pudiera decirles en ese momento? Me di cuenta de que no podía ser mañana. Tenía que ser en ese mismo momento porque el dolor era enorme. Así que les escribí esta carta que me gustaría compartir contigo:

> Queridos Steve y Anita:
>
> Rachael ha finalizado su trabajo en la Tierra y ha abandonado este nivel de una manera que nos deja con un grito de agonía en nuestros corazones, lo que sucede cuando el frágil hilo de nues-

tra fe es tratado tan violentamente. ¿Hay alguien con suficiente fuerza para permanecer consciente con esas enseñanzas que estáis recibiendo?

Muy pocos, e incluso ellos tendrían sólo el más breve susurro de ecuanimidad y paz en medio de las ruidosas trompetas de su ira, pena, horror y desolación.

No puedo aliviar vuestro dolor con palabras, ni debería hacerlo, porque vuestro dolor forma parte del legado de Rachael para vosotros.

No es que ella o yo os causemos ese dolor por elección propia, pero ahí está. Y debe quemar su camino purificador hasta completarse, porque algo en ti muere cuando soportas lo insoportable, y es sólo en esa oscura noche del alma cuando estás preparado para ver como ve Dios y para amar como ama Dios.

Éste es el momento de dejar que vuestra pena se exprese. Nada de falsas fortalezas. Ahora es el momento para sentarse en silencio, hablar con Rachael y darle las gracias por estar con vosotros estos pocos años, y animarla a seguir con su trabajo, sabiendo que con esta experiencia, vosotros creceréis en compasión y sabiduría.

En mi corazón sé que vosotros y ella os encontraréis una y otra vez, y reconoceréis las numerosas formas en que os habéis conocido los unos a los otros. Y cuando os encontréis, sabréis en seguida lo que ahora no se os da a conocer y por qué esto tuvo que ser de la forma que fue.

Nuestras mentes racionales nunca podrán entender lo que ha pasado, pero nuestros corazones, si podemos mantenerlos abiertos a Dios, encontrarán su propio camino intuitivo.

Rachael llegó a través de vosotros para hacer su trabajo en la Tierra, que incluía su forma de morir. Ahora su alma es libre, y el amor que podéis compartir con ella es invulnerable a los vientos del tiempo cambiante.

Con amor:
Ram Dass

LA MUERTE NOS AYUDA A RECORDAR QUE HAY QUE VIVIR PLENAMENTE

En las tradiciones orientales, el estado de conciencia del último momento de la vida se considera tan esencial que pasas toda tu vida preparándote para él. Mahatma Gandhi, el gran líder de la India, entró en un jardín para ofrecer una conferencia de prensa y fue asesinado. Mientras caía, todo lo que dijo fue: «¡Ram!», el nombre de Dios.

Maher Baba proclamó: «El Amado divino está siempre contigo, en ti y a tu alrededor. Debes saber que tú no estás separado de Él».

> Yo no tengo forma ni límites
> Más allá del espacio, más allá del tiempo
> Estoy en todo, todo está en mí
> Soy la bendición del Universo
> Todo Soy yo.[23]
>
> Swami Ram Tirtha

Aldous Huxley dice de forma muy hermosa en su novela *Isla*: «Entonces puedes soltar, querido... Soltar... Soltar este pobre y viejo cuerpo. No lo necesitas más. Deja que se desprenda de ti. Déjalo tirado allí como un montón de ropa usada... Vamos, querido, continúa hacia la Luz, en la paz, en la paz viva de la Luz Clara».

Hacer las paces con la muerte y vivir plenamente el momento te permite perderte en el amor, en el amor de la belleza y el asombro de Dios hecho manifiesto, en amarte a ti mismo y a todo lo demás, el sufrimiento, el dolor, la alegría. En el eterno presente del momento te has liberado del tiempo. Después, si la muerte es el momento, ése será el momento. Cuando estés en ese lugar de apertura, todo será posible. En el momento de la muerte te estarás entregando y serás acunado en los brazos de Dios. Si nos dejamos llevar con ligereza, iremos hacia la Luz, hacia el Uno, hacia Dios. ¡Bendita gracia!

---

23. Swami Rama Tirtha (1873-1906), del poema «I am That». Acceso a través de Internet.

Uno muere como vive. ¿Qué más puede prepararte mejor para morir que la forma en que vives? El juego consiste en estar donde tú estás, de la forma más sincera, consciente y plena que conozcas. Una vez hayas despertado, no podrás volver a echarte a dormir por completo. Independientemente de lo que ocurra en el mundo, yo seguiré cada día las instrucciones de Maharaj-ji –amar a todo el mundo, servir a todo el mundo y recordar a Dios–: amar, servir, recordar.

Llega un momento en que quieres de verdad limpiar tus actos. Empiezas a buscar el fuego de la purificación. Es cuando la situación se vuelve interesante, porque de repente buscas situaciones que accionan tus botones. Echas una mirada profunda a las funciones que desempeñas en tu encarnación –tus responsabilidades hacia tus padres, hijos, país, religión, amigos, tú mismo– y te esfuerzas para que se encuentren en armonía con tu ser más profundo.

Parte de tu relación contigo mismo es aceptar la responsabilidad del cuidado de tu cuerpo y hacer las cosas que fomentan una buena salud. El cuerpo es el templo del alma, el templo de tu espíritu. Es el vehículo para que permanezcas en esta encarnación y te conviertas en un ser totalmente consciente, el vehículo para que seas uno con Dios. Cuídalo. Yo no fui consciente por completo de la forma en que trataba mi cuerpo y pagué un precio muy alto con el ictus que sufrí.

Cuando tranquilizas tu mente, empiezas a ver los distintos componentes de tu ser y cuáles no cumplen la armonía. Por ejemplo, en ocasiones puedes creer que tu cuerpo te oprime. Está agotando tu energía, o los músculos necesitan fortalecerse o relajarse. Recuerda que tu cuerpo es el templo de tu espíritu, trabaja con él, haz cosas que liberen o equilibren la energía. El hatha yoga, el yoga de la energía, puede utilizarse como camino para el alma. Formar un asana es hablar con Dios. Asimismo, debes ser consciente de lo que introduces en tu cuerpo. El cuerpo humano es una manifestación de Dios. Hazle los honores debidos.

Gran parte del trabajo espiritual consiste en bajar el ritmo lo suficiente como para dejar que nuestras mentes se dispongan en armonía con nuestros corazones. En el Bhagavad Gita, Krishna dice a Arjuna: «Dame tu mente y tu corazón y vendrás a Mí». Es como si dijera: «Piensa siempre en mí, ámame siempre, y guiaré tu corazón y tus acciones».

Si, como yo hago, sigues el camino de la kripa del gurú, la gracia del gurú, ocurrirá lo mismo. Deja que tu amor y tu devoción guíen tu corazón. Deja que la mente pensante se equilibre con el corazón bhakti.

Estar aquí y ahora es un acto experiencial. Cuando te encuentras en tu momento, el tiempo se ralentiza. En este momento tienes todo el tiempo del mundo. Pero no malgastes ni un segundo. Quien realmente eres está más allá del tiempo. Cuando Cristo dice: «Mirad, estoy haciendo que todas las cosas sean nuevas», es lo mismo que cuando tú vives en el aquí y el ahora y empiezas desde cero en cada nuevo momento. Cuando estés de verdad en este momento, eso es todo lo que hay. Y el momento de la muerte es sólo otro momento.

Capítulo 6

Desde el sufrimiento hasta la gracia

Hay ocasiones en que todos nosotros tenemos que soportar lo insoportable. Puede surgir en forma de dolor físico, sufrimiento emocional propio, de alguien querido o de otros seres conscientes.

¿Puedes responder al sufrimiento sin cerrarte y manteniendo abierto tu corazón? Parece casi instintivo utilizar tu mente para proteger tu corazón, para racionalizar el sufrimiento a fin de evitar el dolor o la incomodidad. Pero entonces te distancias de la verdadera compasión hacia ti mismo y hacia los demás.

La mayoría de nosotros blindamos nuestros corazones cuando tratamos con la inmensidad del sufrimiento que existe en el mundo. Contemplamos a todas las personas que están muriendo de hambre cuando acabamos de tomar un gran desayuno, y nos damos la vuelta. Actuamos como si no hubiera nada que pudiéramos hacer, y no podemos soportar ver el sufrimiento. Blindar el corazón es lo contrario de abrir el corazón. Tú conoces la sensación de amar a otra persona; sabes cómo te nutre ese amor. El amor es cómo nos nutrimos los unos a los otros, pero cuando experimentas un sufrimiento abrumador, cierras tu corazón como defensa. Tu corazón puede sentirse protegido y menos vulnerable, pero también se reprime en el proceso. Blindar el corazón acaba con el intercambio espiritual vivo de energía que existe en el universo y que alimenta el espíritu en todos nosotros.

Todos tenemos miedo al sufrimiento. La gente considera alarmante el mundo porque quedan abrumados por el sufrimiento que les rodea, el suyo y el de todos los demás. En cualquier gran ciudad de Estados Unidos, hay personas sin techo durmiendo en los portales. Una cosa es experimentar esto en la India; en Calcuta parece que la mitad de la población vive en la calle. Pero en los prósperos Estados Unidos resulta extraño que algunas personas vivan tan bien y otras sean tan pobres. Parece que deberíamos ser capaces de unir todos nuestros esfuerzos para proporcionar a todo el mundo por lo menos refugio, comida y ropa. ¿Nos damos la vuelta porque nuestras mentes cierran nuestros corazones al sufrimiento de otros?

Yo trato con la inmensidad del sufrimiento que hay a mi alrededor cultivando más de un nivel de conciencia, actuando como testigo y reconociendo las leyes del universo. Cuando puedo llegar a un punto de observación perceptual desde donde miro a una hoja, a una gota de agua, a las estrellas y los planetas, y contemplo la unidad de la existencia, puedo empezar a ver la exquisita interrelación de los fenómenos. Puedo encontrar la ley universal en cada campo que examino: física, astronomía, música, genética, matemáticas, química. Desde esa perspectiva de unidad, no puedo evitar permanecer lleno de asombro por la magnificencia de cómo funciona todo. También me doy cuenta de que el sufrimiento forma parte de la manera en que funciona todo.

¿POR QUÉ HAY SUFRIMIENTO?

Después de la iluminación de Buda bajo el árbol Bodhi, él expuso a sus nuevos discípulos lo que llegó a ser conocido como las Cuatro Verdades Nobles. La primera Verdad Noble dice que toda la existencia se caracteriza por el sufrimiento. El nacimiento contiene sufrimiento, la muerte contiene sufrimiento, la vejez contiene sufrimiento y la enfermedad contiene sufrimiento. No conseguir lo que quieres conlleva sufrimiento; conseguir lo que no quieres contiene sufrimiento. Incluso conseguir lo que sí quieres o no conseguir lo que no quieres conlleva sufrimiento, porque ambas cosas tienen lugar en el tiempo.

Todas las cosas que acontecen en el tiempo son provisionales. Jesús dijo: «No acumuléis tesoros para vosotros en la Tierra, donde las polillas y el óxido corrompen todo». En la medida en que estéis atrapados en el tiempo, hay sufrimiento. La segunda y tercera Verdades Nobles tratan sobre las causas del sufrimiento, que son aquello a lo que se aferra la mente –atracciones y aversiones– y una falsa sensación de sí mismo. La cuarta Verdad Noble expone el Óctuple Camino para liberarse del sufrimiento.

EL CAMINO DE LA GRACIA

Yo adoro profundamente a Buda, he estudiado mucho budismo y he practicado mucha meditación budista. Pero mi camino espiritual particular tuvo lugar a través de mi gurú, Maharaj-ji. El gurú refleja nuestro Ser más profundo. Sin duda, cuando se conoce por completo, el gurú es nuestro Ser más profundo y es a quien vemos cuando pulimos el espejo de nuestro ser.

Mi relación con Maharaj-ji consiste en la fe. Esa fe me permite ver todo lo se cruza en mi camino como su gracia. Aunque a veces no sea tan fácil, limítate a recordar que todo es su gracia, es gracia en sí misma.

El 19 de febrero de 1997 sufrí un severo ictus hemorrágico (un sangrado en lugar de un bloqueo). Había estado trabajando en un libro sobre el envejecimiento y estaba tumbado en la cama intentando imaginar cómo sería ser viejo y enfermo y padecer sufrimiento, cuando tuve un ictus masivo.

El teléfono sonó. Intenté levantarme de la cama para contestar y caí al suelo. Estaba paralizado en un lado. Logré alcanzar el teléfono y levanté el receptor, pero no podía hablar. Mi amigo que me llamaba desde Nuevo México se dio cuenta de que algo iba mal, y me pidió que golpeara el teléfono si necesitaba ayuda, lo cual hice.

En unos minutos, mis secretarias, Marlene y Joanne, aparecieron pronto, seguidas por paramédicos. Recuerdo entrar en el hospital tendido sobre una camilla. Durante esos primeros días, nadie sabía si sobreviviría. Las noticias sobre mi ictus se transmitieron rápidamente, incluso a la India. Círculos de oración de todo el país me enviaban energía curativa. La gente que me rodeaba, los médicos y las enfermeras, mis amigos y parientes, todos ponían cara de pena. Seguían diciendo: «Oh, pobre amigo, ¡has tenido un ictus!».

Cuando asimilé sus actitudes, empecé a pensar que era un pobre hombre, sólo otra víctima de un ictus. Ellos proyectaban sobre mí toda la visión de un ictus como un desastre médico. Esa idea provenía de prácticamente todo el mundo, excepto de la mujer de la limpieza. Siempre que entraba en mi habitación, estaba totalmente presente conmigo. Ella *sabía*.

Antes de mi ictus, pensaba que había llevado una vida llena de gracia porque estaba bajo el paraguas protector de mi gurú. El ictus acabó con mi fe en esa protección. Pensaba que había perdido mi gracia. Perdí la fe y me deprimí mucho durante un tiempo.

Miraba la fotografía de mi gurú sobre la pared del hospital y decía: «¿Dónde estabas cuando tuve el ictus? ¿Habías salido a almorzar?». Durante los dos primeros meses yo era totalmente dependiente y sufría, de forma física, psicológica y espiritual. Me sentaba en la cama del hospital intentando dar sentido a lo que había ocurrido. Por una parte estaba el ictus; por otra, la gracia de Maharaj-ji. ¿Como encajaba este ictus con su gracia?

Lentamente, las cosas comenzaron a cambiar. Empecé a pensar en el ictus de modos distintos. ¿Podía el ictus ser una manifestación de la gracia de alguna manera? ¿Una gracia espantosa? Sin duda eso no ayudaba a mi ego, pero ¿podría beneficiar a mi alma? Los efectos del ictus incluían afasia, parálisis y dependencia de otros. Intentando volver a percibirlo, quería averiguar dónde podría estar oculta la gracia. Después de todo, éste aún era el juego de Maharaj-ji, su *lila*. Yo intentaba encontrar la gracia de Maharaj-ji en el ictus, cómo esta enfermedad iba a ayudarme a llegar a Dios.

Al principio estaba afásico, incapaz de hablar en absoluto. Aprender a hablar de nuevo fue duro. Las palabras salían lentamente. Tuve que aprender a tratar con el silencio, un gran beneficio espiritual porque obligó a mi mente a estar en calma. Tuve que ir más allá de mi intelecto, en el silencio de mi corazón intuitivo. Cuando me ocupé más del corazón, descubrí que era un lugar donde desaparece la separación y el conocimiento da paso a la sabiduría. Aproximadamente un año y medio después del ictus, empecé a hablar de nuevo en voz alta. Es una buena motivación para la terapia del habla tener quinientas personas esperando que puedas pronunciar palabras.

Cuando hablaba antes del ictus, siempre había en el público una o dos personas que acudían a oírme por recomendación de su cónyuge o un amigo. Era fácil localizarlos en la multitud; se sentaban con los brazos cruzados y caras con aspecto de sufrimiento. Yo me esforzaba por ayudarles a abrir sus corazones. Ahora mi silla de ruedas abría sus corazones. Y gracias a la silla de ruedas, yo siempre estaba seguro de tener un asiento donde colocarme.

El ictus me enseñó cosas sobre la dependencia. Pasé de ser el conductor de un coche deportivo a un pasajero. Me encontraba en un cuerpo que ahora necesitaba ayuda de los demás. Como pasajero pude apreciar los árboles que veía al pasar, así como las nubes, de una forma que no podía cuando tenía que prestar atención al tráfico.

Yo había escrito un libro titulado *¿Cómo puedo ayudar?* (junto con Paul Gorman); ahora necesitaba escribir uno titulado *¿Cómo puedes ayudarme?* Desde el ictus, me sentía profundamente humilde por la compasión de otros seres. Gozo de la bendición de tener gente maravillosa que me cuida. Ahora cuidan de mi cuerpo, y juntos nos cuidamos las almas los unos a los otros.

CAMBIANDO TU PUNTO DE VISTA

Tal como lo veo yo, tenemos tres puntos de observación, o niveles de conciencia desde los cuales vivimos. El primero es el ego, el nivel de la personalidad. El segundo es nuestra alma individual, parte de la cual es la conciencia testigo de la que hemos hablado antes. El tercero es la parte mística de nosotros. Los cuáqueros lo llaman la pequeña y tranquila voz interior, o la luz interior. Los hindúes lo llaman el Atman. Nosotros podemos pensar en él como el Uno.

Cada uno de nosotros tiene estos tres canales. Todos están aquí simultáneamente, pero cómo experimentemos la realidad depende de cuál sintonicemos. Cuando vivimos profundamente en el yo intuitivo, estamos en el nivel del alma. Si seguimos esa conciencia y profundizamos cada vez más, llegaremos a la conciencia de Dios, al Atman. Esa misma conciencia está en ti y en mí. La conciencia de Dios es la misma en todos nosotros. Aunque creemos que somos nuestra encarnación, nuestra alma es testigo de todo ello, y en última instancia nos vincula con la conciencia universal de Dios que vive en el interior de cada uno de nosotros.

Actualmente me veo a mí mismo como a un alma que se ha encarnado en un cuerpo que sufrió un ictus. Por eso, aunque mi ego pensaba que yo era una persona con un ictus, ese sufrimiento me permitió profundizar en mi alma, que es testigo y observa la encarnación. Es mucho menos doloroso observar el ictus que tenerlo.

Tengo dolores por todo mi cuerpo. Los enumero para que los conozcan mis médicos, pero no me identifico con ellos. Me identifico con el hecho de ser testigo del dolor. El dolor físico está en el cuerpo, y yo no soy mi cuerpo. Mi cuerpo está ahí fuera, y yo estoy aquí dentro. El dolor forma parte del cuerpo. Ahora bien, si hablamos sobre el dolor psicológico, es desde el ego, que también está ahí fuera. Recuerdo que yo soy mi conciencia. Soy mi interior, y vivo con el dolor, no *como* el dolor, sino *con* el dolor. Ésa es otra forma con la que el ictus demostró ser beneficioso: me introdujo en mi alma. En lugar de dejarme dando vueltas por los problemas físicos de mi encarnación, me dio un empujón y me condujo hacia dentro de mi alma.

¿ES SUFRIMIENTO O GRACIA?

Recuerdo la historia del *Ramayana* en la que Ravana, el dios demonio, rapta a Sita, la madre tierra o alma que está casada con Dios, Ram. Se la lleva a la capital de los demonios, en la isla de Sri Lanka. Cuando llega el ejército de monos y osos a la orilla del océano, en la India, buscando a Sita, Jambavan, el rey de los osos, recuerda a Hanuman que tiene poderes divinos. Entonces Hanuman da su gran salto de fe y vuela sobre el océano para encontrar a Sita.

Mientras yo luchaba en mi mente para aceptar el ictus, me llegó un mensaje de un querido amigo de la India. De la misma forma que

Hanuman necesitaba que le recordaran su poder, mi amigo K.K. Shah, de la India, creía que yo debía recordar el poder de mi fe. K.K. escribió algunas sencillas palabras que Maharaj-ji le había dicho sobre mí: «Haré algo por él». Ese recuerdo fue suficiente para recordar mi fe. Mi alma estaba de nuevo envuelta en la manta de amor de Maharaj-ji.

Siddhi Ma, la «Madre» de la India que conserva los ashrams de Maharaj-ji, vio el documental de Mickey Lemle sobre mí y el ictus, cuyo título era *Gracia feroz*. En la película, yo hablaba sobre intentar ver el ictus como una gracia procedente de Maharaj-ji. Me envió un mensaje diciéndome que Maharaj-ji nunca me daría un ictus. Por fin me di cuenta de que el ictus fue el resultado natural de mi propio karma. La gracia de Maharaj-ji consistía en ayudarme a tratar con los efectos del ictus. Lo cierto es que poder tratar con el sufrimiento generado por el ictus cambió mi vida.

Yo realmente no desearía que nadie sufriera un ictus, pero el mío ha tenido su lado positivo. Aunque perdí mi fe durante una temporada, con el paso del tiempo se moderó y profundizó. Aunque durante un tiempo me sentí abrumado por el sufrimiento, al final encontré un lugar dentro de mí mismo que tiene fe en que este ictus forma parte de mi despertar. Ésa fue la gracia.

Vivir con la perfección y el dolor del sufrimiento me permite estar con el dolor sin expulsarlo, porque conservo el equilibrio en mi interior. Formo parte del desarrollo de todo, y eso incluye el sufrimiento.

Cuando Phyllis, mi madrastra, estaba muriendo, el dolor que sufría la obligó a dejar de aferrarse a su cuerpo y le permitió lograr el despertar espiritual unos días antes de morir. Yo no le habría causado ese dolor, pero ¿quién soy yo para juzgar? Como ser humano con un corazón emocional, afronto la paradoja de que quiero aliviar mi sufrimiento, mientras que al mismo tiempo hay otra parte de mí que comprende que a veces hay gracia en el sufrimiento. Desde una perspectiva espiritual, el sufrimiento a veces es el papel de lija que despierta a la gente. Una vez empiezas a despertar espiritualmente, percibes de otra forma tu propio sufrimiento y empiezas a trabajar con él como vehículo para despertar aún más.

Cuando sufres, el sufrimiento parece envolver tu mundo. Piensa en una fotografía de una nube. Si la imagen está colocada demasiado cerca, sólo ves el gris de la nube. Si la fotografía está colocada con un ángulo más amplio, ves el cielo azul a su alrededor. Eso es la gracia.

FE

Todo el juego se basa en la fe. La fe llega a través de la gracia. En la Biblia, el apóstol Pablo dice: «Por la gracia os habéis salvado, mediante la fe –y esto no procede de vosotros, es regalo de Dios–, no por obras, de forma que nadie puede presumir».

Cuando la fe es lo bastante fuerte, es suficiente limitarse a ser. Sin fe, nos dominan los miedos e incertidumbres existenciales que todos tenemos. Si tienes fe, no tienes miedo. Si no tienes fe, tienes miedo.

Cuando puse en duda mi propia fe después del ictus, empecé a preguntarme: «¿Fe en qué?». Descubrí que mi fe es en el Uno, no fe en Maharaj-ji como persona, sino fe en él como puerta de entrada en el Uno, fe en el Uno de Maharaj-ji. La unidad es un estado del ser. De nuevo, éste es el estado en el que, como dijo el gran santo del sur de la India Ramana Maharshi: «Dios, gurú y Yo son uno». Maharaj-ji simplemente levantaba un dedo y decía: «Sub ek»: todo es Uno.

La fe es el reflejo de esa unidad en el espejo de tu alma. La fe es la forma en que te vinculas con esa verdad universal de unidad. La fe y el amor están íntimamente relacionados. Como dice el *Ramayana*, sin devoción no hay fe; sin fe no hay devoción.

La fe no es una creencia. Las creencias están en la cabeza. La fe está en el corazón. La fe procede de tu interior. La cultivas abriendo tu corazón espiritual y tranquilizando tu mente hasta que sientes tu identidad con tu Yo más profundo. Esa apertura al Yo más profundo, cuando has tranquilizado tu mente, llega a través de la gracia. Las cualidades de ese Yo son paz, alegría, compasión, sabiduría y amor.

TODO ES PERFECTO

Después de haber estado en presencia de Maharaj-ji, he llegado a confiar en la forma en que un ser como ése está en el universo. Es como conocer a alguien que vive un poco más arriba de la montaña y puede ver más lejos que tú. La visión desde allí es la perfección; no la perfección como algo que debe conseguirse, sino perfección en lo que hay. Maharaj-ji seguía diciéndome de diversas formas: «Ram Dass, ¿no ves que todo es perfecto?». Y sin embargo, Maharaj-ji pasó toda su vida estando allí para la gente, ayudándoles en sus vidas, alimentándoles y amándoles.

El arte de la vida consiste en permanecer abierto y ser vulnerable, y al mismo tiempo sentarse con el misterio y el asombro y con el dolor insoportable, tan sólo estar con todo ello. Yo he estado trabajando ese maravilloso lema, «estar aquí y ahora», durante los últimos cuarenta años. El aquí y ahora tiene en su interior una gran riqueza que es simplemente suficiente.

Si alguien me pregunta: «Ram Dass, ¿eres feliz?», me detengo y miro en mi interior. «Sí, soy feliz». «Ram Dass, ¿estás triste?». «Sí, estoy triste». Contestando a esas preguntas soy consciente de que están presentes todos esos sentimientos. Imagina la riqueza de un momento en el que todo está presente: el dolor de un corazón roto, la alegría de una nueva madre sujetando a su bebé, la exquisitez de una rosa que florece, la pena de perder a una persona querida. Este momento tiene todo eso. Es simplemente vivir la verdad.

La gracia salvadora consiste en poder ser testigo sufriendo desde la perspectiva del alma. Otra forma de decirlo es que la gracia salvadora es tener fe. Viviendo en la plenitud del momento con alegría y sufrimiento, siendo testigo de ello en toda su perfección, nuestros corazones aún se dirigen a quienes están sufriendo.

Si vivimos el momento, no nos encontramos en el tiempo. Si piensas: «Soy una persona jubilada. Me he jubilado de mi trabajo», estás rememorando tu vida. Es la mirada retrospectiva; es la vida en el espejo retrovisor. Si eres joven, tal vez pienses: «Tengo toda mi vida por delante. Esto es lo que haré después». Esa forma de pensar se llama atar el tiempo. Nos lleva a concentrarnos en el pasado o en el futuro y preocuparnos por lo que llegará a continuación.

Quedar atrapado en los recuerdos del pasado o preocuparse por el futuro es una forma de sufrimiento autoimpuesto. La jubilación y la juventud pueden ser vistas como una continuación, un momento para algo distinto, algo nuevo. Tener un nuevo comienzo. Es un nuevo momento. El envejecimiento no es ninguna culminación. La juventud no es ninguna preparación para lo que viene después. Esto no es el final de la línea ni el comienzo. El ahora no es un momento para mirar hacia atrás ni para planificar el futuro. Es el momento para simplemente estar presente. El presente es atemporal. Estar en el momento, sólo estar aquí con lo que hay, es intemporal, eterno.

Es extraordinario lo cerca que estamos de nuestro ser más profundo. Está sólo a un pensamiento de distancia. Y los pensamientos que nos apartan de él generan mucho sufrimiento. El pensamiento «soy este cuerpo» causa sufrimiento. Puedo pensar: «Bueno, mi cuerpo antes podía hacer esto. Mi cabello no era gris. Yo era más fuerte. Era más delgado. Era...».

Esos pensamientos causan sufrimiento porque el cuerpo es lo que es. Hacemos todo lo que podemos para estar seguros y sanos, pero la enfermedad, la edad y los accidentes siguen afectándonos. Maharaj-ji decía: «Nadie tiene poder ni siquiera para mantener seguro su propio cuerpo». El Buda tiene razón: este cuerpo se encuentra en el tiempo. Pero nosotros estamos precisamente aquí, en este momento.

PRESTANDO CUIDADOS

Si has tenido la suerte de entrar en contacto con el espíritu viviente durante tu vida, sabes que puede ser todo un reto traducirlo en acción en el mundo. Por decirlo de otro modo, ahora que sabes que el hogar es donde está el corazón, ¿cómo vives tu vida de forma que puedas profundizar tu conexión espiritual? Hay muchos caminos: caminos de rezos, de estudio, de redirigir energías corporales en el hatha yoga, de cantos devocionales en el kirtan.

Muchos de nosotros nos sentimos fuertemente atraídos por un camino de servicio, la clase de servicio diseñada para aliviar el sufrimiento de nuestros compañeros, servicio en profunda armonía con el camino de las cosas, el dharma. Cuando está guiado por el corazón, ese servicio se siente como amar a Dios. Piensa en la madre Teresa viendo a su amado Jesús con todos sus inquietantes disfraces.

Dar y recibir, dependiendo de cómo se haga, puede nutrir a las personas de ambos extremos. Los que reciben siempre pueden ayudar a los otros a sentirse agraciados y bendecidos por tener la oportunidad de servir. El arte de recibir es una actitud que dice: «Yo soy un alma; tú eres un alma. Vamos juntos, y las funciones que desempeñemos son irrelevante».

De igual forma, al servir, lo que de verdad ofreces a otro ser es tu propio ser. Así es cómo tiene lugar la verdadera curación: tu corazón abierto permite abrirse al corazón de la otra persona. Entonces los cuidados se convierten en un regalo para todos los implicados.

CUIDAR DE PAPÁ

El envejecimiento, por ejemplo, puede ser una causa de más sufrimiento o puede ser un estado de gracia. Las personas que han sido muy independientes dicen: «Odio depender de alguien». Por otro lado, veo a personas que son viejas y frágiles y que necesitan cuidados, pero que no están reñidas consigo mismas. Son tan elegantes y amables en su dependencia que todos los que cuidan de ellas terminan sintiendo ser cuidadas también.

Yo cambiaba los pañales de mi padre tal como él, durante algún tiempo, cambiaba los míos. La gente decía: «Vaya, es desagradable». Para él y para mí no era desagradable en absoluto. Era un hermoso fin de un ciclo. Su mente se había vuelto hacia dentro y él estaba radiantemente feliz, en paz y relajado. Era una persona que durante su vida había encontrado la felicidad sólo en las cosas externas, y ahora estaba radiante de alegría interna. Algo en él se había transformado, y se había convertido en otro ser. Yo le bañaba, y era como bañar al Buda: increíble, contento en todo momento. Ni siquiera se acordaba de su yo anterior. Conforme envejecía, mi padre, que había tenido éxito y había sido activo política y socialmente, se tranquilizó mucho. Reía bastante. Yo me sentaba con él, le cogía la mano y contemplábamos la puesta de sol. Nunca antes habíamos hecho nada como eso. Ésa es la gracia.

Cuando llegas al extremo en que dices «no puedo manejarlo» o «no voy a hacer eso», piensa en la mentalidad a la que te estás aferrando.

Allí está la raíz de tu sufrimiento. Es donde tu mente se pone en relación con lo que hay.

VER MÁS ALLÁ DEL SUFRIMIENTO

Mi amigo Wavy Gravy es un vivo ejemplo de cómo transformar el sufrimiento. Entre otras cosas, Wavy es un payaso profesional que visita a los niños que están en el hospital. Con un traje de payaso completo, con una nariz grande, redonda y roja, pasa el tiempo con niños que están críticamente enfermos o moribundos. Hace burbujas. A veces juega con ellos. Otras veces les deleita con pintura facial. Otras simplemente está con ellos y comparte y aligera sus problemas.

Wavy dice: «No lo sé. Piel quemada o cabezas calvas en niños pequeños: ¿qué hacer? Supongo que simplemente lo afrontas. Cuando los niños experimentan mucho dolor, están asustados y probablemente moribundos, y afecta al corazón de todo el mundo, lo afrontas. Lo afrontas y ves lo que ocurre después de eso. Piensa qué hacer después. Tuve la idea de llevar palomitas. Cuando un niño llora, seco sus lágrimas con las palomitas y las meto en mi boca o en la de ellos. Nos sentamos juntos y nos comemos las lágrimas».

Cuando estuve en la India en 1971, hubo un desastre tremendo en Bangladesh. Yo quería ayudar y acudí a Maharaj-ji para recibir su bendición. Él me dijo: «¿No ves que todo es perfecto?». Yo quería a ese hombre profundamente, pero recuerdo sentir que eso era una obscenidad. ¿Cómo podía decir que era perfecto que los niños muriesen de hambre? No obstante, era un hombre con una compasión increíble. Daba de comer a todo el mundo y ayudaba a la gente todo el día, en todo momento. Él decía que yo había perdido el equilibrio y me había obsesionado tanto con el sufrimiento que no lograba ver todo el conjunto.

Esto trata sobre dónde permaneces en tu conciencia, en un lugar que te permite estar con sufrimiento en el mundo sin cerrar tu corazón. Si cierras o blindas tu corazón para estar en el mundo, te conviertes en un instrumento averiado para la curación del universo. Así que haces todo lo que puedas para aliviar el sufrimiento y trabajas para mantener abierto tu corazón.

Otro santo hindú, Swami «Papa» Ramdas, vivió su vida con una devoción continua hacia Ram. Una noche, cuando dormía fuera, junto a un río, le picaban tanto los mosquitos que no podía dormir. Su respuesta fue: «Oh, Ram, gracias por traerme estos mosquitos y despertarme para que pueda pensar en ti toda la noche».

La mayoría de nosotros no estamos preparados para eso. Sin embargo, el reconocimiento de que el sufrimiento es un fuego que purifica es una idea importante. Para una persona que no ha despertado, el juego consiste en optimizar el placer y minimizar el sufrimiento. A medida que ganas conciencia, reconoces la realidad de la primera Verdad Noble de Buda: que la existencia en este nivel conlleva sufrimiento. Cuanto más consciente te vuelves, más reconoces que el sufrimiento es la forma en que llega la enseñanza en ese momento. Cómo experimentas ese sufrimiento depende de tu apego, de cuánto te identifiques con lo que Buda describe como «el no-yo provisional», lo que llamamos el ego, quienes creemos que somos.

Piensa en lo que conlleva tener un hijo con una discapacidad, habitualmente considerada como una situación de tristeza, sufrimiento e infortunio. Pero una percepción distinta es que esta alma ha nacido de esta forma con un trabajo determinado para hacer. Parte de ese trabajo consiste en reconocer que tal vez no sea comprendido o valorado por los que le rodean. Tu corazón humano como padre quiere eliminar el sufrimiento de tu hijo, pero si cultivas tu conciencia espiritual y tomas contacto con este ser como alma, puedes ayudarle a tomar contacto con esa parte de su ser que no tiene nada que ver con su discapacidad. Mientras veas al niño como un discapacitado, estarás reforzando esa realidad particular en la que va a sufrir. Debes conocer el alma que hay detrás de esa discapacidad. De esa forma, tu trabajo contigo mismo será una ofrenda para tu hijo.

Yo tuve un joven amigo, Kelly, cuyo cuerpo era tetrapléjico. Sufrió una lesión mal diagnosticada en la cabeza cuando tenía nueve años de edad. Era totalmente despierto y brillante, y con treinta y tres años era una verdadera delicia. Podías colocar su mano sobre un tablero con un alfabeto y él podía deletrear palabras para comunicarse. Una vez, cuando yo estaba hablando ante un grupo de médicos y sanadores holísticos, hice que Kelly me presentara. En el público había unas quinientas personas y llevaron a Kelly al escenario. Todos se quedaron boquiabiertos. Kelly deletreó: «RD dice que nosotros no somos nuestros cuerpos. Amén».

¿CÓMO PODEMOS AYUDAR?

A menudo nos sentimos inútiles al afrontar el sufrimiento, especialmente el de los más próximos a nosotros, y nos preguntamos cómo podemos ayudar. Los más sencillos actos de amabilidad son significativos, del mismo modo que los tranquilos momentos en que las personas se cuidan las unas a las otras, o el apoyo y amabilidad de los amigos y la familia expresando preocupación, ofreciendo ayuda, oraciones y comida. La comida puede ser mucho más que nutrición física. O puede que ofrezcas una flor de tu jardín, o que simplemente escuches los miedos y sentimientos de alguien que está sufriendo, para que sepa que no está solo. A veces es suficiente estar allí con el corazón abierto y una presencia basada en la paz y la serenidad. Son recordatorios de la gracia que tiene lugar cuando menos lo esperas, recordatorios que nutren el alma.

COMPASIÓN

Soportar lo insoportable es la raíz más profunda de la compasión en el mundo. Cuando soportas lo que crees que no puedes soportar, muere quien piensas que eres. Te conviertes en compasión. No tienes compasión: *eres* compasión. La verdadera compasión va más allá de la empatía para *estar con* la experiencia de otro. Te conviertes en un instrumento de compasión.

Tu propio sufrimiento –ya sea por una pérdida, un fracaso, pena o dolor físico– duele como un demonio. Tu corazón puede estar roto. Y no obstante ahí estás.

Puede que hayas tenido una experiencia de sufrimiento que ardió profundamente en tu interior y que creó una cualidad diferente de tu ser. Tú ves el camino por el que el sufrimiento forzó tu despertar. Es difícil imaginar un currículum espiritual en el que el sufrimiento no participe en el proceso de convertirse en un humano completo. Es una enseñanza tremenda.

Parte de esa enseñanza es comenzar a ver a través, o abandonar buscando el placer y evitando el dolor, del patrón de deseo y aversión que te vincula tan íntimamente a *maya*, la ilusión de separación. Algo ocurre cuando dejas de intentar con tantas fuerzas evitar el sufrimiento. Cuando deseas que sea distinto, no puedes ver cómo es. Hay un verso en el Tao Te Ching que dice: «La verdad espera a los ojos radiantes por el deseo». A medida que elimines los restos del deseo de tu espejo, empezarás a reflejar las cosas tal como son.

Y te ocupas más del amor a la conciencia y ves las cosas como son en realidad, empiezas a expandirte más allá de los límites de tu individualidad. Comienzas a experimentar el mundo exterior de una nueva forma, para que, en lugar de tener una relación con otra persona, te conviertas en ella. En ese momento, el sufrimiento del universo está en tu interior, no en el exterior. La verdadera compasión surge del nivel de la conciencia donde estás, donde tú y yo somos uno.

Ésta es una bendición budista relacionada con la bondad, parte de la Meditación Metta:

> Ojalá todos los seres estuvieran libres del peligro.
> Ojalá todos los seres estuvieran libres del sufrimiento mental.
> Ojalá todos los seres estuvieran libres del sufrimiento físico.
> Ojalá todos los seres conocieran la paz.
> OM

Capítulo 7

Contento de existir

DÍA DE PLAYA

UNA VEZ POR SEMANA VOY A LA PLAYA DE MAUI para nadar en el océano con un grupo de seguidores habituales. El resto del grupo varía dependiendo de quién visite la isla. Permanecemos en la playa un rato y después nos metemos en el agua. Tom lleva una bolsa de flores y las echa al agua con amor cuando empezamos a nadar hacia la boya que señaliza el área de baño. Me encanta estar en el océano. A veces cantamos; a menudo reímos. Simplemente flotamos en la Madre Océano, rodeados de amor. Jugamos con la pelota en el agua. Mi ritual consiste en tocar el flotador y decir: «Oh, boya, boya, boya!». Me tienen que convencer para que regrese a la playa.

Un día, una persona apareció en la playa y preguntó qué estábamos celebrando. Uno del grupo dijo: «Estamos de celebración porque es hoy y estamos juntos». No estábamos siendo irónicos. Queríamos reconocer lo sagrado que es todo, todos los días: *todo*.

El día de playa es un reflejo perfecto de mi sensación de alegría. Tal vez pienses que es fácil estar contento en una playa de Maui. Es verdad:

es una playa muy agradable. Pero esto no tiene que ver con la alegría física. En el yoga, *santosha*, o alegría, es una práctica que te ayuda a calmar tu mente y abrir tu corazón.

La alegría es una de las actitudes que utilizas para dirigir tu conciencia hacia la unidad. Unidad es el nombre del juego en el yoga. La verdadera alegría no es sólo existencial. Es una actitud del alma, y no del ego o de la personalidad. Es una perspectiva de la vida desde el nivel del alma.

El amor y la compasión son emociones que nacen del alma. Cuando te identificas con tu alma, vives en un universo de amor. El alma ama a todo el mundo. Es como el sol. Hace brotar la belleza de cada uno de nosotros. Puedes sentir ese amor irradiando desde tu corazón. Cuando nos encontramos en ese amor, hay que limitarse a disfrutar con estar donde estamos. Hay mucho que contar sobre una alegría como esa.

Piensa en los tipos de experiencias que te dan una sensación de alegría. Puede que tu alegría proceda de estar en la naturaleza, escuchando los pájaros o el sonido de las olas al llegar a la orilla, contemplando la puesta de sol o las estrellas en el cielo nocturno, u observando una rosa del jardín.

Tal vez proceda de cantar o escuchar música, sumergirte en un baño caliente o ser tocado de una forma que alivie el cuerpo. Quizás proceda de ver a tu hijo o de estar con tu perro o tu gato. Puede que la experimentes cuando miras a los ojos de un ser querido. Ésas son experiencias que tocan tu alma.

La alegría no es una de las prioridades en la lista de los occidentales. Todos nosotros nos centramos en los logros y el consumo, en tener más. Tal vez temamos que las ruedas del progreso y la economía se detengan si todo el mundo queda satisfecho. Recuerdo a alguien que en cierta ocasión acusaba a los que meditan de «pasividad bovina». Vivir en el momento, estar totalmente presentes, no es nada pasivo. Pero sí genera un profundo sentimiento de que todo es suficiente, una sensación de profunda satisfacción.

Gran parte de mi sentido de la alegría procede de mi relación con Maharaj-ji y el constante recuerdo de su presencia en mi vida. Haber tenido relación con él es como tener una piscina infinitamente profunda de amor y sabiduría que siempre refleja mi ser más profundo.

Y tú siempre eres de nuevo la ola
que se propaga por todas las cosas.

RAINER MARÍA RILKE, *EL LIBRO DE HORAS*

Descubrí en Maharaj-ji algo que satisfizo mi intelecto y mi corazón. Había un intenso grado de amor, una sensación oceánica de amor que impregnaba el espacio que él habitaba. Había un aura en torno a él, una presencia tan poderosa que te sentías bañado y purificado sólo por estar en cualquier parte cerca de ella. Incluso ahora, cuando la llevo dentro de mi corazón, hace lo mismo.

Desde el día en que conocí a mi Señor,
No ha habido final para el deporte de nuestro amor.
Veo con los ojos abiertos, y sonrío y contemplo Su belleza
en todas partes.
Pronuncio su nombre y todo lo que veo me recuerda a Él.
Todo lo que hago se convierte en adoración por Él.
...
Dondequiera que vaya, me muevo en torno a Él.
Todo lo que consigo es Su servicio.
Cuando me tumbo, lo hago postrado a Sus pies.
...
Si me levanto o me siento, nunca puedo olvidarle.
Porque el ritmo de Su música resuena en mis oídos.[24]

KABIR

Mi amor hacia Maharaj-ji es mi forma de abrirme a mí mismo. Él está constantemente aquí, siempre recordándome su presencia. Momento a momento, paso el tiempo con este ser de conciencia, de amor, de luz, de presencia.

Éstas son algunas de las cosas que Maharaj-ji decía sobre el amor:

24. Kabir, *One Hundred Poems of Kabir,* Poem XLI, I. 76. «Santo, sahaj samadh bhali (¡Oh Sadhu! La unión simple es la mejor),» traducido al inglés por Rabindranath Tagore, (Madras: Macmillan & Co. Ltd., 1970) 48-49.

El peor castigo es expulsar a alguien de tu corazón.
No debes perturbar el corazón de nadie.
Aunque una persona te haga daño, ofrécele amor.
Si amas a Dios, superas todas las impurezas.
Debes amar a todo el mundo como a Dios. Si no os amáis los unos a los otros, no podréis conseguir vuestro objetivo.
Cristo dijo que amáramos a todos los seres como hijos de Dios, y que les sirviéramos.
Da todo al pobre, incluso tus ropas. Dalo todo.
Jesús dio todo, incluso su cuerpo.

Alguien preguntó a Maharaj-ji cómo meditar, y él contestó: «Medita de la forma en que lo hacía Cristo». Cuando le preguntaban cómo meditaba Cristo, Maharaj-ji decía: «Él se perdía a sí mismo en el amor». También decía: «Cristo era uno con todos los seres y tenía un gran amor por todo lo que había en el mundo. Fue crucificado para que su espíritu pudiera difundirse por todo el mundo. Era uno con Dios. Sacrificó su cuerpo por el dharma. Nunca murió. Nunca murió. Es el Atman que vive en los corazones de todos. Todos los seres son reflejos de Cristo.

«Conseguirás un amor puro por Ram mediante las bendiciones de Cristo. Hanuman y Cristo son uno. Son lo mismo».

A Maharaj-ji le preguntaron cuál era el mejor método de meditación. Él decía: «Haz como hizo Jesús y contempla a Dios en todas las personas. Ten piedad de todo y ama todo como a Dios. Cuando Jesús fue crucificado, sólo sintió amor».

UNA NUEVA CADERA

Un día, en el año 2009, fui a comprar un libro y tuve un accidente. Me caí sobre la cadera. Allí estaba, con una cadera rota. Ahora tengo más de ochenta años, por lo que supongo que fue algo normal. Pero esa cadera rota fue culpa mía. Permanezco en una silla de ruedas mucho tiempo, y ese día, mientras me sentaba en la silla de ruedas, no tuve cuidado y me caí. El dilema para mí es que si presto atención al cuerpo todo el tiempo, incluso cuando me estoy moviendo, mi conciencia no atiende mi alma porque estoy cuidando de mi cuerpo, como hace la mayoría de la gente. Creo que la falta de atención es un síntoma de mi individualidad: si viviera de verdad en el Uno, no habría diferencia entre la conciencia del alma y la conciencia del cuerpo.

Así que estoy en el hospital curándome la cadera. Los hospitales están orientados hacia el cuerpo. Son talleres de reparación para el cuerpo. Para la mayoría del personal del hospital, soy el viejo de la habitación 322 con una cadera rota. Eso es lo que soy desde su perspectiva profesional. Enfermeras y médicos son almas cuya función incluye ver los problemas del cuerpo y tratarlos. Así que ellos tienen que saber, ¿no es verdad?

La mentalidad abrumadora en un hospital es que somos nuestros cuerpos. Pero ¿no somos también almas? Ahora mi perspectiva es que me encuentro en esta encarnación para aprender sobre mi verdadero Yo, para aprender sobre mi alma. A lo largo del camino también he aprendido sobre ictus y caderas rotas. Igual que yo aprendí, tú puedes pensar sobre ellos de muchas formas diferentes.

Desde mi punto de vista, los trabajos del cuerpo son molienda para el molino, con el objetivo de llegar al alma. Es un trabajo duro porque estos cuerpos en realidad captan nuestra atención. Aprender a nadar no es nada en comparación con aprender a vivir desde el nivel del alma.

En nuestras mentes, el cuerpo está fuera, y el alma, el «Yo», está aquí dentro. Para acceder a mi alma tengo que enfocar mi atención en el interior, y no en el exterior. Pero tengo que mirar por mí mismo selectivamente, porque al mismo tiempo el cuerpo demanda atención, y mejor decido dónde plantar mi pie, o de lo contrario me mataría a mí mismo. Así que me encargo de mi cuerpo cuando llega el momento, y el resto del tiempo trabajo en ser un alma.

El cuerpo y el alma son como un coche de caballos y su cochero. Los caballos son deseos. El cochero es el ego, el «Yo» que controla los deseos y ve hacia dónde se dirige (y se asegura de que el pie no se sitúe en un lugar equivocado). Pero dentro del coche hay un pasajero. ¿Quién viaja con el cochero? Es nuestra alma. «Cochero, ¿puede detenerse, por favor?». Cochero, estamos yendo demasiado deprisa.

Yo viajo en mi coche de caballos, y de vez en cuando necesita un engrasado, un nuevo rodamiento o cambiar alguna junta. Yo estoy en el taller de coches para tener una articulación de la cadera, y ellos son los expertos que reparan coches. Esto está bien hasta que sé quién soy: no soy el cochero, soy un pasajero que se encuentra en el interior del coche viajando con alegría, con alegría, con alegría. En el exterior me estoy recuperando de una operación de reemplazo de cadera, pero en mi interior estoy bailando. Parezco un vejestorio, pero bailo en mi interior. ¡Y vaya baile tan alegre! En la India se llama la *lila*, el baile o el juego del amor del alma. Y puedes ingresar en la *lila* en cualquier momento, porque siempre sigue adelante. Aquí, en este momento, nunca se detiene.

¿Perdí mi alma en el hospital? Bueno, tal vez perdí la conexión con mi alma durante un tiempo, pero no perdí mi alma. ¿Adónde podría ir? Yo estoy aún aquí. Tengo una nueva cadera. Y ahora soy incluso más hippie que antes.

FUNCIONES PARA LAS ALMAS

Como hemos expuesto, dentro de nuestra conciencia hay diferentes puntos de vista. Está el ego, y está el alma, nuestro yo espiritual. Son dos niveles distintos de conciencia. Desde el punto de vista espiritual, todos somos almas que nos hemos introducido en estas encarnaciones. Tomamos forma, y ésa es nuestra encarnación. Aquí estamos, y cada uno de nosotros es un ser individual.

Cuando viajaba de América hacia la India, aterrizaba en Nueva Delhi y cogía un autobús hacia un pueblo de las montañas. Las personas de ese pueblo sabían que eran almas. Una barría la carretera y otra era la que gobernaba. La que gobernaba no sólo gobernaba, y la que barría no se ocupaba sólo de barrer. Tenían estos roles para esta encarnación, pero también se identificaban como almas. Volvía a América, y cuando abrieron la puerta del avión en Nueva York, todos pensaban que eran sus roles. Yo iba y venía, de roles a almas, de almas a roles.

Debido a la atracción de la encarnación, nos sumergimos tan profundamente en nuestros roles que olvidamos que somos almas. Con todas las sensaciones, emociones y complicaciones propias de estar en un cuerpo, con todos los deseos, nos olvidamos. Pensamos: «Soy un hombre. Soy una mujer. Soy de California. Soy una madre, un padre, una viuda, un niño»: algo. «Tengo que ser algo, ¿no es verdad?».

Piensa en todas las formas en que te identificas con lo que haces: «Soy profesor. Soy médico. Soy científico. Soy cocinero, judío, cristiano, musulmán, corredor de bolsa. Soy un triunfador. Soy un buscador espiritual». Ésta otra puede definirte durante años: «Estoy jubilado».

Todo eso es el ego, quien crees que eres, el conjunto de pensamientos sobre cómo identificarte a ti mismo, de pensamientos sobre las diferentes funciones que desempeñas en la sociedad. Cuando conocemos a alguien, preguntamos «¿Cómo estás? ¿Y a qué te dedicas?». Pero ¿lo que haces es lo mismo que quien eres?

Todos nuestros roles son una forma de pensamiento. Confundimos nuestras almas con nuestros roles. Tú no me ves como un alma. Me ves como Ram Dass, como un cuerpo, como un rol. ¿Qué importa si soy violonchelista, piloto o profesor? Cuando eliminamos los roles, esta forma externa es sólo el cuerpo. Quién soy yo está exactamente aquí. En lugar de «¿cómo estás?», sería preferible preguntar «¿cómo eres?». Nuestro ser interior está más allá de la forma. Cuando vives desde tu alma y tu corazón está abierto, puedes despertar otras almas. Entras en un supermercado y es como un templo. Todo el mundo es un alma. Algunos creen que son clientes; otros creen que trabajan allí. Te diriges a la caja de pago y tus ojos se cruzan un instante con los del empleado. «¿Estás aquí? Aquí estoy. ¡Guau, un alma compañera!».

Si tienes hijos, tus hijos son almas. Simplemente están desempeñando los roles de niños, y tú desempeñas el rol de madre o padre.

Si estás con una persona moribunda y la ves como un alma, esa transición del ego al alma es más fácil de realizar. Si, como cuidador, te identificas con tu alma, es fácil ver a la persona moribunda como un alma y facilitar su transición.

SÓLO UN MOMENTO, ¡POR FAVOR!

Cuando sondeamos el momento –este momento, no uno anterior, no uno futuro, sino este momento–, profundizamos cada vez más en el corazón del ser universal. Finalmente, estar en el momento alcanza su plenitud en todo y en nada. Todo está en este momento. Este momento está siempre aquí. Ahora es eterno.

Ese disfrute que consigues al estar completamente en el momento conlleva alegría. La alegría, como práctica, es diferente de la satisfacción. No es un sentimiento de logro por hacer algo. La alegría es simplemente ser completos en el momento.

Investiga el momento. Entonces tú estás en el momento, y aquí estamos en el momento. Si algo me saca del momento, diré «¿qué estoy haciendo aquí?» o «¿qué es esto que bloquea mi alegría? Está lloviendo. ¿No me pone alegre la lluvia? Las flores se sienten agradecidas y la lluvia es hermosa, con esas pequeñas gotas sobre la ventana. Cada una es como un pequeño globo. Y ahora estoy alegre».

Me siento alegre por echarme una siesta sin pensar si debería estar haciendo alguna otra cosa. Estoy incluso alegre por tener una cadera rota que se está curando. Es parte del cuerpo que envejece. Pero *yo* estoy exactamente aquí.

Cuando viajé por primera vez a la India, en 1966, era sólo un occidental más que visitaba un país extranjero. Iba con un amigo que viajaba en un Land Rover. Teníamos atún en lata, cintas de Vivaldi, camas y todo tipo de comodidades occidentales. Contemplábamos esta cultura extranjera a través de las ventanas.

Cuando llegamos a Benarés, la ciudad santa donde los hindúes acuden para morir, la gente caminaba por las calles con lepra y todo tipo de enfermedades, tan sólo esperando a morir. Cada uno tenía una bolsa, un pequeño paquete de tela, que contenía las monedas para su pira funeraria, para pagar la madera con la que quemar su cuerpo.

Mientras conducíamos por esta ciudad, pensé: «Estas personas no tienen hospitales. No tienen sistema de ayuda. Simplemente están esperando a morir». Estos pensamientos depresivos y la pobreza generalizada me hizo sentir mal. Cuando llegamos al hotel, me escondí debajo de la cama.

Visité Benarés de nuevo seis meses después. Se encontraba en la misma situación, pero en esos seis meses yo había estado viviendo en un templo hindú en el Himalaya, bajo la dirección de mi gurú. Ahora, en lugar de ser sólo un occidental, era quizás un hindú-judío o un pequeño budista. Empecé a ver que Benarés era una ciudad de increíble alegría, aunque contuviera un sufrimiento físico increíble. En lugar de ver a «esa pobre gente», en lugar de sentirme abrumado y rechazar su dolor, podía detenerme para mirarles a los ojos.

Vi dos cosas. En primer lugar, ellos me miraban con compasión, como si yo fuera un fantasma hambriento, un espíritu sin hogar que vagaba de uno a otro lugar. Y en segundo lugar, ellos estaban alegres.

¿Cómo podían sentirse alegres en medio de todo ese sufrimiento? Estaban contentos porque si eres hindú y mueres en Benarés, junto al Ganges, el río sagrado, Shiva te susurra al oído y te libera. Estos seres estaban en el lugar adecuado en el momento correcto. Estaban muriendo en el lugar perfecto para morir un hindú.

Su alegría me sorprendía. ¿Cómo podían estar tan contentos? Entraba en conflicto con todos mis valores occidentales. Mi vida occidental había transcurrido siempre en torno a los logros, los deseos, a hacer más, a conseguir más.

Yo siempre me sentía como si estuviera en el lugar inadecuado en el momento inadecuado porque debía haber algo mejor. Siempre buscaba el logro siguiente. Pero esas personas de Benarés tenían algo que yo no podía conseguir: alegría.

TODO LO QUE NECESITAS ES...

Si yo estoy en mi alma, cuando miro a los demás veo sus almas. Sigo viendo las diferencias individuales: hombres y mujeres, ricos y pobres, atractivos y no atractivos, y todas esas cosas. Pero cuando nos reconocemos los unos a los otros como almas, nos vemos como aspectos del Uno. El amor es la emoción de la fusión, de convertirse en Uno. El amor es una forma de llegar al Uno.

Tratamos el amor y el odio, y las demás emociones, como si todas estuvieran al mismo nivel, pero no lo están. Odio, miedo, deseo, avaricia, celos: todo eso procede del ego. Sólo el amor nace del alma. Cuando te identificas con tu alma, vives en un universo de amor. El alma ama a todo el mundo. Es como el sol. Saca la belleza que hay en cada uno de nosotros. Lo puedes sentir en tu corazón.

En esos primeros días con Maharaj-ji, él me decía repetidamente: «Ram Dass, ama a todo el mundo y di la verdad». En ese momento yo sólo podía acceder a ese nivel en momentos ocasionales. Vivía la mayor parte del tiempo al nivel del ego. Podía amar a casi todo el mundo durante breves períodos de tiempo, pero la verdad era que no amaba a todo el mundo. Llegó ese día en que yo estaba tan enfadado con todo el mundo y Maharaj-ji se me acercó, su nariz junto a la mía, me miró a los ojos y me dijo: «Ram Dass, ama a todo el mundo *y* di la verdad». Me estaba diciendo que tomara un camino distinto y que me *convirtiera* en un alma. Lo que me decía era que cuando pudiera relacionarme desde ese nivel de conciencia del alma, que es lo que realmente *soy*, amaría a todo el mundo. Ésa *es* mi verdad. Sólo tardé cuarenta años en darme cuenta.

> Aprende el arte de tomar tu posición en el interior de la Verdad. Cuando vives en esta Verdad, el resultado es la fusión de la mente y el corazón y el final de todos los miedos y penas. No es un logro de simple poder ni de conocimiento intelectual. Un amor que está iluminado por la sabiduría intuitiva del espíritu bendecirá tu vida con un cumplimiento siempre renovado y una dulzura interminable.
>
> MEHER BABA, *LIFE AT ITS BEST*

Puedes estar en contacto con tu alma viviendo el momento. El alma está centrada en tu corazón. Es el corazón-mente. Realiza tus actos diarios con amor. Eso es lo que puede hacer el alma. Cuando te identificas con tu alma, no sólo reflejas la luz de Dios, sino que también te conviertes en un espejo para que otros descubran sus almas. El único objetivo que tiene un alma es satisfacer a Dios y convertirse en uno con el Amado.

Todo es como debería ser. Digo eso porque estoy entregado, entregado al Uno. El Uno hace que este momento sea perfectamente pleno, y yo estoy tranquilo y en paz en mi interior. Entra dentro de ti en busca de la paz, dentro de ti en busca de la compasión, dentro de ti en busca de la sabiduría, la alegría y el amor.

MEDITACIÓN: AMO LA CONCIENCIA

El Atman, el alma universal que está en el interior de todo, se manifiesta dentro de ti como tu alma individual, esa parte de ti que es sabiduría, compasión, alegría, amor y paz. Comienza bajando el ritmo y penetrando en el espacio espiritual de tu corazón. Permítete profundizar cada vez más en tu alma. Concéntrate en el centro de tu pecho y deja que esta frase resuene en este espacio del corazón: «Amo el conocimiento. Amo el conocimiento...». Permite que se convierta en parte de ti. Después, con la gracia, te convertirás en conciencia de amor.

Utiliza tu respiración para seguir concentrándote: dentro, fuera, dentro, fuera. El movimiento del aire en las fosas nasales, en la punta de tu nariz, o la subida y bajada del diafragma de tu vientre son buenos lugares para seguir concentrado en tu respiración. Mientras tus pensamientos se aquietan en el océano de la respiración, sigue llevando tu concentración a la parte central del espacio de tu corazón. Ese punto es tu corazón espiritual. Y esa conciencia de amor *eres* tú; es el tú real, porque tú *eres* conciencia. Ahora puedes ser consciente de tus ojos y de lo que ven; puedes ser consciente de tus oídos y de lo que oyen; puedes ser consciente de tu piel y de lo que siente. Puedes ser consciente de tu mente y del río de pensamientos que fluyen de tu mente. Pensamientos, pensamientos, pensamientos...

Algunos de esos pensamientos son positivos; otros son negativos; algunos son sobre ti y sobre otros. Algunos de ellos son pensamientos que juzgan. Pero tú te identificas con la conciencia del amor en tu corazón, en el centro del corazón. «Yo soy conciencia que ama. Yo soy conciencia que ama. Yo soy conciencia que ama. Yo soy conciencia que ama».

La conciencia no es una cosa. Podemos etiquetarla, pero no consiste en palabras. Tú *eres* conciencia que ama. Eso es Cristo. Eso es Krishna. Eso es Buda. Eso es Maharaj-ji. Son conciencias que aman, igual que tú. La conciencia que ama es una: una conciencia amorosa.

Cada uno de nosotros es un dedo de la mano de la conciencia universal. La conciencia amorosa está en todo el mundo; todo el mundo está en la conciencia amorosa. Guerras y disputas, naciones separadas, ésos son los juegos a los que jugamos. No obstante, somos conciencias amorosas. Somos individuos, pero no lo somos. Todos somos Dios. Tú eres un individuo, pero también formas parte del todo. Eres conciencia amorosa, y cuando por fin llegues a *ser* conciencia amorosa, limítate a *ser* conciencia amorosa.

SER AMOR AHORA

Yo honro la luz de todos nosotros. Cuanto más amo a Dios, más amo las formas de Dios, que son todas las formas. Vivir basándote en el alma es en gran medida un viaje centrado en el corazón. Me subo a un autobús, y en el momento en que me bajo, siento como si me hubiera encontrado con miembros de mi familia que he conocido toda mi vida. Todos nos amamos. Para vivir en tu corazón espiritual con el grado de apertura que conlleva, confía en el Uno. En esa conciencia amorosa no eres tan vulnerable como lo serías en el ego, donde crees que estás separado de los demás.

> ¿Cómo la rosa llegó a abrir su corazón
> y ofrecer a este mundo toda su belleza?
> Sintió la ayuda de la luz contra su ser,
> o de lo contrario todos estaríamos demasiado asustados.[25]
>
> HAFIZ, «¿CÓMO HIZO LA ROSA?»
> TRADUCIDO AL INGLÉS POR DANIEL LADINSKY

¿Cómo nos convertimos en conciencia amorosa? Si cambio mi identificación del ego al alma, entonces, cuando miro a la gente, todos me parecen ser almas. Cambio de mi cabeza el pensamiento de quién soy yo, a mi corazón espiritual, que es un tipo distinto de conciencia: sintiendo directamente, intuyendo, amando la conciencia. Es cambiar de una identificación externa de este mundo a una identificación interna espiritual. Concéntrate en tu corazón espiritual, justo en el centro de

25. Hafiz, *Love Poems from God, Twelve Sacred Voices From The East and West*, traducido al inglés por Daniel Ladinsky (New York: Penguin Compass, 2002) 161. Permiso de reproducción concedido por el traductor.

tu pecho. Sigue repitiendo la frase: «Soy conciencia que ama. Soy conciencia que ama. Soy conciencia que ama».

El objeto de nuestro amor es el propio amor. Es la luz interna en todos y en todo. El amor es un estado del ser.

Empiezas amando a la gente sólo porque *son*. Ves el misterio de lo Divino en su forma. Cuando vives amando, ves amor en todas las partes adonde miras. Estás literalmente enamorado de todos a los que miras.

Cuando eso empieza a ocurrir, cuando te enamoras de todos a los que conoces, tal vez pienses que quieres unir a todos. Así que coges a uno y dices: «Unámonos». Y consigues muebles y adornos, y fundas un hogar. Sales al supermercado para comprar tofu y cerveza, y miras a los ojos de la persona de la caja. Los ojos son las ventanas del alma, así que miras y también allí está tu Amado. ¿Qué vas a hacer ahora? Ya tienes uno en casa. ¿Dices: «Has pensado en un *ménage à trois*?».

Tienes que pasar de una privación a un modelo de abundancia. Es abundante porque tú lo eres; irradias amor por todos los lugares donde vas. A medida que te conviertes en amor, cuando caminas por la calle, todo el mundo es la persona más bella, una y otra vez. Miras y valoras. Quizás encuentres los ojos de otro, y ambos reconocéis el amor, pero no tienes que hacer nada con ello.

La forma artística de relación es ser consciente de que toda relación en la que estás implicado –toda relación en todo momento– es un vehículo para despertar al amor. Y depende de ti. El Amado está en todas partes.

En cierta ocasión yo me encontraba en una gira de conferencias y residía en un motel apestoso. Era uno de esos lugares realmente de plástico. Llegué, entre en mi habitación, me senté y empecé a colocar mi mesita de *puja* (adoración) sobre la cómoda de plástico. Moví la comida del hotel y otras cosas para sentarme allí, y resultaba bastante deprimente. Pensé: «Bueno, unas cuantas semanas más y la gira habrá acabado y podré volver a casa». Entonces vi el dolor que generaba ese pensamiento.

Me levanté, salí de la habitación, cerré la puerta, bajé al vestíbulo, me di la vuelta, volví, abrí la puerta y grité: «¡Estoy en casa!». Entré, me senté, miré y pensé para mí mismo: «Ya sabes, yo no habría elegido esta decoración, pero qué diablos».

Si no estoy en casa en cualquier parte del universo, tengo un problema. Si digo que sólo puedo estar en casa aquí, pero no allí, ¿qué es el hogar? El hogar es donde está el corazón. El hogar es la cualidad de la presencia. Es la cualidad del ser. El hogar siempre está aquí.

Calma tu mente; olvida los moldes, los modelos y las formas planeadas. Abre tu corazón y deja que tus pensamientos y emociones sean consumidos por el momento hasta que te conviertas en sólo pura presencia. Ahora vives en el Tao, y está contigo donde quiera que vayas.

No salgas de tu casa para ver flores.
Amigo mío, no te molestes en hacer esa excursión.
Dentro de tu cuerpo hay flores.
Una flor tiene mil pétalos.
Eso formará un lugar para sentarte.
Sentándote allí tendrás un destello de belleza
dentro del cuerpo y fuera de él,
antes de los jardines y después de los jardines.[26]

KABIR, «UN LUGAR PARA SENTARSE»

Cuando tú y yo descansamos juntos en una conciencia de amor, nadamos juntos en el océano del amor. Recuerda que siempre está aquí. Entra en el flujo del amor con la mente tranquila y mira todas las cosas con amor, como parte de ti mismo.

LA RUEDA DE LA ILUSIÓN

Un alma tiene un nacimiento humano para conseguir una serie de experiencias mediante las cuales despertará de su ilusión de individualidad. Esta experiencia física de estar encarnados es el currículum, y el propósito del viaje es despertarnos de la ilusión de que nosotros somos

---

26. Kabir, del poema «A Place to Sit», en *Kabir: Ecstatic Poems*, traducido al inglés por Robert Bly (Boston: Beacon Press, 2004). Permiso de reproducción concedido por el editor.

la encarnación. Las prácticas espirituales son herramientas para ayudarnos a cumplir estos objetivos.

Empiezas desde la inocencia y vuelves a la inocencia. A un sabio le preguntaron: «¿Cuánto tiempo llevas en este viaje?». Contestó: «Imagina una montaña de 4500 metros de ancho, 4500 metros de altura y 4500 metros de largo.

Una vez cada cien años, un pájaro vuela sobre la montaña llevando en el pico un pañuelo de seda, al cual frota con la superficie de la montaña. El tiempo que tarda el pañuelo en erosionar la montaña es el tiempo que llevamos haciendo esto».

Nos encontramos en un viaje de despertar inevitable. Si comprendes ese mensaje profundamente, eso te permitirá introducirte en tus prácticas espirituales desde una perspectiva diferente, de paciencia e intemporalidad. Haces tus prácticas, no por un sentido del deber o porque *creas* que debes, sino porque en tu alma sabes que en realidad no hay nada más que te gustaría hacer.

En sánscrito a esto se le llama *vairagya*, un estado de fatiga con deseos terrenales donde sólo falta el deseo de la realización espiritual. La atracción espiritual es el último deseo, que de verdad te atrapa, pero que se disuelve en sí mismo porque tú te disuelves en el proceso. El Tao dice: «Al final serás como el valle que es el recurso favorito del Camino». Te vuelves receptivo, suave, abierto, sintonizado, tranquilo. Te conviertes en el océano del amor.

> El alma está hecha de amor, y debe alguna vez esforzarse por volver al amor. Puede que nunca encuentre descanso ni felicidad en otras cosas. Debe perderse a sí misma en el amor.
>
> MECHTHILD DE MAGDEBURGO

> Al final, todos nuestros deseos se funden en el inmenso deseo de no tener separación entre nosotros y nuestro verdadero Amado.
>
> EKNATH EASWARAN

El tiempo es una caja formada por pensamientos del pasado y del futuro. Cuando sólo existe el *ahora* inmediato –cuando no vives en el pasado o anticipas el futuro, sino que sencillamente estás aquí y ahora– estás fuera del tiempo. Vivir el momento es vivir en el alma, que es una presencia eterna.

Cuando nos encontramos fuera del tiempo, no hay sujeto ni objeto; todo está simplemente aquí. La mente pensante trata sólo con el sujeto y el objeto. Pero desde el interior, *aquí y ahora*, ves pasar el tiempo. Tú no estás en el tiempo. Tú *eres*, y el tiempo pasa, como si estuvieras sobre un puente y observaras pasar todo.

El nuestro es un viaje hacia la simplicidad, hacia la tranquilidad, hacia un tipo de alegría que no se encuentra en el tiempo. En este viaje fuera del tiempo a «Aquí Ahora», dejamos atrás todos los modelos que hemos tenido de quien pensábamos que éramos. Este viaje incluye una transformación de nuestro ser, de forma que nuestra mente pensante se convierta en nuestro sirviente en lugar de en nuestro dueño. Es un viaje que nos lleva de la identificación primaria con nuestra psique a la identificación con nuestras almas, después a la identificación con Dios, y finalmente más allá de toda identificación en absoluto.

La vida es un currículum increíble en el que vivimos rica y apasionadamente como una forma de despertar a las verdades más profundas de nuestro ser. Como alma, tengo sólo un motivo: fundirme con Dios. Como alma, vivo el momento, en cada rico y precioso momento, y estoy lleno de alegría.

> Ojalá las Bendiciones de Dios
> lleguen a ti.
> Ojalá Su paz
> se quede contigo.
> Ojalá Su presencia
> ilumine tu corazón
> ahora y para siempre.
>
> ORACIÓN SUFÍ

Capítulo 8

Practicando el practicar

¿CONLLEVA BENEFICIOS CREAR UNA PRÁCTICA ESPIRITUAL DIARIA? En el nivel donde somos almas puras, donde somos simplemente conciencia amorosa, no importa. Sólo hay el aquí y ahora. Viviendo plenamente el momento, no hay práctica, sólo ser. Si te has vuelto estable en su presencia, ignora este capítulo. Ya estás aquí.

Por otra parte, si tu mente aún deambula, puedes encontrar algún beneficio usando estas prácticas para devolverte a tu Yo, para estar más presente, para abrir tu corazón, para aprender a vivir desde tu corazón espiritual. Las prácticas están diseñadas para volver a ponerte en contacto con tu verdadera naturaleza, el Yo, para pulir el espejo de tu mente y tu corazón a fin de que reflejen de verdad el espíritu.

La mayoría de nosotros estamos implicados en el mundo, y nos perdemos muy fácilmente en las cosas de la vida. Una práctica diaria es muy útil para seguir recordándotelo, para seguir abriéndote y despertándote de nuevo, ofreciéndote una oportunidad para ver cómo perdiste el día anterior y para seguir poniendo lo que te ocurre en el mundo en una perspectiva espiritual.

Por ejemplo, por la mañana, cuando me levanto, yo leo un breve pasaje. Tengo libros al lado de mi cama y simplemente cojo uno y empiezo el día leyendo un *sloka*, un pasaje de un libro sagrado, o una pequeña cita de un santo, y me hacen empezar a recordar, a recordar en qué consiste el juego.

Puedes sintonizar con el espíritu mediante diversas prácticas. Examina cada método para seguir abriéndote en su única y propia forma. Al principio, cuando estés probando diferentes métodos, sé generoso contigo mismo. Habrá un método que se adapte a tu karma único. Si comienzas una práctica con el corazón puro y el deseo de liberarte, reflejará la pureza de tu aspiración.

La práctica espiritual no es una forma de conseguir algo o de llegar a otro lugar. Ya estás aquí. Haces prácticas espirituales porque haces prácticas espirituales, no para alcanzar otro estado, sino para estar en contacto con quien ya eres, para limpiar el polvo del espejo, para introducirte más plenamente en el momento presente. No importa que te liberes e ilumines ahora o dentro de diez mil nacimientos. ¿Qué más hay que hacer? No puedes dejar de hacerlo de todas formas. Una vez que despiertas a la posibilidad del interior del universo, es como una fuerza gravitacional. No te quedes atrapado en tus expectativas. Las prácticas espirituales pueden convertirse en obstáculos si te apegas demasiado a ellas. Utiliza estos métodos tan conscientemente como puedas, sabiendo que si funcionan de verdad, en algún momento se autodestruirán.

HACER UN ESPACIO SAGRADO

Reserva un rincón tranquilo en tu casa para la práctica: un hogar Om, una plataforma de lanzamiento hacia el infinito, un asiento de meditación, un santuario para tu Yo más íntimo.

En la India, a la adoración se la llama *puja*, y una mesa de puja o una sala de puja es un espacio sagrado para la meditación, adoración, rezo, lectura de libros sagrados, reflexión, concentración, hacer mantras o cánticos... Es un lugar para recordar tu Yo, permaneciendo en contacto con tu gurú, o tan sólo una fuente de comodidad espiritual. Puede ser un espacio para hacer rituales devocionales o para hacer ofrendas de amor: una flor, incienso, comida o sólo agradecimiento.

Haz este espacio sencillo y puro: tal vez con una alfombrilla, una vela, algo de incienso, la fotografía de algún ser realizado con el que te sientas conectado: Buda o Cristo, Ram o Krishna, o tu gurú. Dispón un asiento donde puedas sentarte cómodamente y con la espalda erguida. Los budistas zen utilizan un zafu y un *zabuton*, un cojín de meditación y una almohadilla. Utiliza lo que te ayude a sentarte más cómodamente, un banco o una silla, si los necesitas. Éste es *tu* espacio sagrado.

Convierte tu mesa de puja en una hermosa ofrenda que refleje lo que sea espiritualmente significativo para ti. Puede ser en la esquina de una habitación, en un vestidor o, si tienes espacio, en una sala independiente. Puede que quieras cubrir la mesa con un mantel. Una flor fresca en forma de ofrenda a tu Amado añade dulzura. Estatuas sagradas, fotografías de seres amados a los que quieras bendecir, oraciones escritas para familiares o amigos que están sufriendo o están enfermos... pueden ayudar a abrir tu corazón. Si tienes problemas con alguien, prueba a poner su fotografía sobre tu mesa de puja, de forma que, después de meditar, puedas traerlos a la Luz. Mantén cerca los libros sagrados; tenlos a mano para su uso diario.

Si ya tienes montada una mesa de puja, debes saber que nunca puedes tener demasiados espacios sagrados. Siempre puedes profundizar en tus prácticas espirituales. Deja que el Espíritu impregne tu vida. Rodéate de imágenes de lo Divino, recordatorios de lo que es realmente importante en la vida. Permíteles ayudarte a tranquilizar tu mente, abrir tu corazón y crear paz interior.

Puedes crear pequeños altares o santuarios en tu escritorio o en el espacio de tu ordenador, en una encimera, en el recibidor de tu casa, en la puerta del frigorífico. Crea un santuario en el jardín, en el umbral de la puerta, en el patio o el porche, en el salpicadero de tu coche. Espiritualiza tu vida desde el exterior, pero debes saber que el verdadero trabajo es interior.

PRÁCTICA MATUTINA

Igual que el agua erosiona la piedra, de la misma forma una sadhana diaria, o práctica espiritual, rebajará el velo de la ilusión.

Para empezar, considera la posibilidad de levantarte media hora antes a fin de dejar tiempo para tus prácticas espirituales.

Quítate los zapatos cuando te acerques a tu mesa de puja. Impregna este espacio con un espíritu de amor, reverencia, devoción y gratitud. Enciende algo de incienso. Conecta con las imágenes que hay sobre tu puja y concéntrate en *estar aquí y ahora*. Deja pasar cualquier otra cosa que no sea estar presente en este espacio sagrado.

Si, como mencioné, empiezas el día de una forma consciente leyendo un pasaje de un libro sagrado, puedes llevarlo a la mente como un recordatorio ocasional a lo largo del día. Tal vez quieras poner algo de música o cánticos tranquilos, o cantar tú mismo.

AHORA LO COTIDIANO

Llevar un diario te ayudará a tener un reflejo de tus pensamientos y te proporcionará un lugar para procesar y registrar enseñanzas, sentimientos o ideas que tienen lugar en este viaje. En ocasiones he llevado un diario de con qué frecuencia, durante el día, me he perdido y me he quedado atrapado en el drama de todo lo que me rodeaba y he empezado a tener la ilusión de *maya* como real. Yo simplemente hacía una lista, y después observaba los patrones de esas listas a lo largo de los días. Me mostraron la naturaleza de mis sistemas de deseo. Me mostraron qué fue lo que se hizo real.

Quizás quieras registrar tus reflexiones sobre las Palabras de la sección de Seres Realizados del final de este capítulo y cómo pueden aplicarse a tu vida. Conforme transcurre el día, observa con qué frecuencia estás verdaderamente presente en el momento, cuándo tu corazón está abierto, cuándo se cierra.

Al actuar en armonía con el dharma, un toque de ecuanimidad impregna todo lo que haces. Sé testigo de tu vida, de tus acciones; observa tus motivaciones para hacer cosas, tus deseos. Contempla lo que te genera ira, miedo, avaricia, deseo, amor. Ábrete. Haz tus prácticas de meditaciones. Desde el interior de tu corazón espiritual, observa pasar el mundo. Piérdelo. Examínalo. Baja el ritmo de nuevo. Piérdelo otra vez. Escribe en tu diario. Observa lo que te hace perderlo en cada ocasión. Simplemente observa todo. No juzgues. Dedícate de verdad a conocerte a ti mismo.

Contempla lo que le ocurre a tu centro espiritual en tus relaciones. Tus necesidades y deseos pueden estar concediendo a otra persona poder sobre ti. La capacidad de otra persona de sacarte de tu ecuanimidad tiene que ver con tus apegos y con aquello a lo que se aferra tu mente. Ése es tu trabajo en ti mismo.

MEDITACIÓN

La meditación es la práctica espiritual básica para calmar la mente y entrar en contacto con nuestro yo más profundo, el espíritu. La meditación proporciona una valoración más profunda de la interrelación de todas las cosas y la parte que desempeña cada persona. Las sencillas reglas de este juego son la honestidad contigo mismo sobre dónde te encuentras en tu vida, y aprender y escuchar para oír cómo es. La meditación es una forma de escuchar más profundamente, así que oyes cómo es todo desde un lugar más profundo. La meditación mejora tu pensamiento, revela tu verdadera naturaleza y te aporta paz interior.

Una práctica de meditación es extremadamente útil para deshacerte de ciertas cosas y permitirte ver cómo tu mente sigue creando tu universo. El ego te mantendrá ocupado con su argumento interminable de formas de pensamiento. Limítate a seguir observándolas hasta que se disuelvan.

La mayoría de las tradiciones requieren una práctica habitual para progresar, para seguir adelante. Aunque hay tradiciones en las que no se requiere una práctica habitual y la gente está bien, por lo que no puedo decir que sea necesario. Pero sin duda la considero útil y animo a otras personas a hacerla de forma habitual.

Practicar habitualmente la meditación, incluso cuando no te apetece, te ayudará a ver cómo tus pensamientos te imponen límites y cambian tu existencia. Las resistencias a la meditación son tus prisiones mentales en miniatura.

Es delicado porque tienes que practicar desde el lugar en que realmente recuerdas por qué lo estás haciendo, con algo de alegría y aprecio. Si empiezas con «Vaya, tengo que hacer mi práctica», ésta, al final, acabará con tu resistencia, pero yo no creo necesariamente que sea algo bueno. Eso es lo que le ocurre a la gente cuando tienen que ir a la iglesia cada domingo. Yo preferiría apartarte de las prácticas espirituales hasta que las ansiaras tanto que de verdad quisieras hacer una práctica, y no dar la sensación de que debes hacer la práctica o de lo contrario eres una mala persona si no la haces, porque terminarás odiando todo eso. A largo plazo no creo que sea bueno para ti. La práctica espiritual es maravillosa si quieres hacerla. Y si no, no la hagas.

Hay muchas formas distintas de meditación de un montón de tradiciones espirituales. Compartiré contigo algunos de los métodos que han sido más eficaces para mí a lo largo de los años. Incluyen la meditación *Vipassana* (o conocimiento), de la tradición budista del sur, el mantra de la práctica devocional hindú bhakti (incluyendo cómo practicar un mantra con un *mala* o rosario) y la meditación guru kripa (gracia del gurú).

¿Recuerdas la historia del occidental que llega al ashram de la India y pregunta a Maharaj-ji cómo meditar? Maharaj-ji se calmó y cerró los ojos. Después de unos momentos, una lágrima cayó por su mejilla y dijo: «Medita de la forma que lo hacía Cristo. Él se perdía en el Amor. Cristo vive en los corazones de todos los seres. Nunca murió. Nunca murió».

Piérdete en el amor.

> Cuando estás con alguien a quien quieras mucho,
> puedes hablar y es agradable, pero la realidad
> no reside en la conversación.
> Consiste simplemente en estar juntos.
> La meditación es la forma más alta de oración.
> En ella estás tan cerca de Dios que no necesitas decir
> nada.
> Simplemente es estupendo estar juntos.[27]
>
> SWAMI CHETANANDA

27. Swami Chetananda, de *Songs from the Center of the Well* (Portland, OR: Rudra Press, 1983). Permiso de reproducción concedido por el autor y The Movement Center, Inc.

Meditación Vipassana

La Vipassana, o meditación del conocimiento, es una meditación budista fundamental, procedente del budismo del sur. El enfoque u objeto primario de esta meditación es la respiración, y la práctica de comienzo consiste sólo en seguir la respiración. La concentración en la respiración se llama *anapanna*, y consiste en traerte aquí y ahora a través de la respiración. Todo el mundo respira. Todos tenemos nuestras diferencias individuales, pero todos inspiramos y espiramos.

Siéntate cómodamente, con el cuerpo tan erguido como te resulte confortable, la cabeza, el cuello y el pecho alineados. Haz dos o tres respiraciones lentas y profundas, y cierra los ojos.

Concéntrate en tu respiración cuando entra y cuando sale. Dos formas en que puedes hacer esto son:

- Concentrándote en el músculo del plexo solar, que cada vez que inspiras se mueve en una dirección y cada vez que espiras se mueve en otra dirección: subiendo, bajando, subiendo, bajando.
- Concentrándote en la parte interior de tus fosas nasales, en la punta de tu nariz: conforme se mueva el aire, sentirás un ligero susurro de aire al inspirar y un ligero susurro de aire al espirar.

De estas dos modalidades, utiliza la que te resulte más fácil. Elige un punto, la subida y bajada del músculo de tu abdomen o el aire pasando al lado de la punta de tu nariz, y quédate con él durante un período de por lo menos quince minutos.

Eres como un guardián en la puerta. Los coches entran y salen. No necesitas ver adónde van. Sólo observas el aire entrando, entrando, y el aire saliendo, saliendo. Tu tarea consiste nada más que en concentrar tu conciencia en tu objeto primario de la respiración de la forma más suave posible.

Tu conciencia va a vagar; va a ser atraída por muchos pensamientos de desviación. Te sentarás y dirás: «Inspiro, espiro», o «Sube, baja». Entonces surgirá el pensamiento «esto no funcionará nunca». Ahora puedes coger ese pensamiento, «esto nunca funcionará», y pasar inmediatamente a otro tren de pensamiento, y aunque tienes instrucciones para seguir, las ignorarás y entonces el momento de la meditación habrá terminado. No hay problema. O, en algún momento, cuando te sientas cansado de eso, puedes decir: «Vaya, todo lo que iba a hacer durante esos quince minutos era observar mi respiración. Éste es otro pensamiento. Tal vez simplemente lo deje ir y vuelva a observar mi respiración». Mira, ésa es una estrategia para volver suavemente con tu mente a la respiración, para volver a tu conciencia.

El truco consiste en no sentirte violento hacia tus otros pensamientos. No intentes forzarlos. No te sientas culpable por estar pensándolos. Sólo son pensamientos. Con mucha suavidad, una y otra vez, simplemente lleva tu conciencia al objeto primario de meditación: inspirar, espirar. Tan sólo vuelve al centro de tu meditación, de vuelta a la respiración, de nuevo a la conciencia de la respiración.

No importa que respires rápido o lento; tan sólo obsérvalo. No intentes cambiarlo, pero obsérvalo. Estás solamente permaneciendo consciente: el guardián que vigila la puerta abre y cierra. Cualquier sonido, olor o sensación, déjalos venir y déjalos marcharse, y lleva de nuevo tu conciencia al hecho de subir y bajar, o a inspirar y espirar.

Si tu mente divaga, simplemente obsérvala; después, con mucha suavidad, vuelve a inspirar y espirar o a subir y bajar. Independientemente de dónde esté ahora tu mente, observa dónde está y con cuidado devuélvela al bajar y subir o al inspirar y espirar. Si resulta de ayuda pensar para ti mismo «inspira, espira» con cada pensamiento, no hay problema. Si te resulta útil contar las respiraciones, intenta contar hasta diez, contando cada ciclo de inspiración y espiración como uno, y después comienza. Si tu mente divaga en medio del proceso, vuelve a empezar. A veces puede ser realmente difícil llegar a diez. Pero no te juzgues, no te frustres, no hay éxito ni fracaso, sólo tu conciencia de la respiración.

A todos los sonidos, a todo lo que llega a tus oídos, simplemente obsérvalos como más pensamientos y vuelve a tu respiración. No hay nada que necesites hacer ahora, aparte de inspirar y espirar, o subir y bajar.

Nota la figura y la forma a medida que tiene lugar la respiración: el comienzo, el punto medio y al final de la inspiración; el espacio central; el comienzo, el punto medio y el final de la espiración; y de nuevo el espacio central.

Si experimentas agitación, confusión, aburrimiento, alegría o cualquier cosa, considéralo otro pensamiento. Obsérvalo y devuelve tu conciencia al subir y bajar, o a inspirar y espirar.

Si empiezas a adormecerte, haz unas cuantas respiraciones voluntarias. Subiendo y bajando o inspirando y espirando. A todos los sentimientos de tu cuerpo –los sonidos, las sensaciones, los gustos, los olores, las vistas–, simplemente míralos venir y marcharse, y devuelve tu conciencia al objeto principal de la meditación.

Firme en tu asiento, la cabeza erguida, subir y bajar o inspirar y espirar. Si vas a estar hasta el final en tu asiento, utiliza estos últimos minutos conscientemente. No hay principio y no hay final. Cada respiración es la primera y la última.

Suave, pero firmemente, cada vez que tu mente divague, devuélvela al subir y bajar o al inspirar y espirar. Estate alerta, pero sé amable. Dirige de nuevo la conciencia al objeto principal de la meditación, la respiración.

Si tu mente se agita en el transcurso del día, devuélvela a la respiración, subiendo y bajando, inspirando y espirando.

OM

Meditación sobre el gurú

Imagina un ser realizado que está delante de ti, alguien con el que estás especialmente sintonizado, como Cristo María, Mahoma, Ram, Hanuman, Anandamayi Ma o tu gurú. Este ser es radiante, luminoso, con ojos llenos de compasión. Tú sientes a este ser irradiando la sabiduría que procede de una íntima armonía con el universo.

Es increíblemente fácil y hermoso iniciar un diálogo de amor con un ser que *es* amor. Siéntate en tu zona de meditación y contempla una fotografía de un ser cuyo amor sea puro, cuyo amor refleje la luz de Dios. Experimenta ese amor fluyendo de un lado a otro entre tú y la imagen. Ábrete a ti mismo y entrégate.

Mírate a ti mismo reflejado en esos ojos compasivos, que no juzgan, y permítete abrirte más y más. Éste es tu Amado. Siéntate delante de este ser, o imagina un ser así sentado en tu corazón. Permanece con ese ser y el amor regresará. A pesar de todas las impurezas a las que te aferras, a pesar de todos tus sentimientos de falta de merecimiento, un ser así te ama incondicionalmente. No hay problema en mantener una conversación imaginaria con este ser; el cambio te abre a la compasión, la tranquilidad, la calidez, la paciencia: a todas las cualidades de un ser libre.

Esta cualidad interpersonal de meditación devocional te permite comenzar desde tu necesidad psicológica de amar y ser amado, y de llevarla a la presencia de la sabiduría, la compasión y la paz. Cuando estás con un ser que encarna estas cualidades, te contagias y te sientes más evolucionado, incluso hasta el extremo de reconocer la luz radiante de tu interior. Reconocer tu propia belleza te permite abrirte incluso más al Amado, hasta que al final el amante y el Amado se unen, y tú descubres que lo que habías visto exteriormente como perfección en tu Amado es un espejo de tu propia belleza interior.

Llega un momento en que te conviertes en ese tipo de amor. Vives en ese espacio y no necesitas a nadie para conectarte al amor porque tú lo *eres*, y todos los que estén cerca de ti beben de él. Y conforme te conviertes cada vez más en la declaración de amor, te enamoras de todo el mundo.

Mantra

Un mantra es un rezo, palabras, un nombre sagrado o un sonido sagrado que se repite. Es como una grabación interna que me recuerda quién *soy* yo. Es como un nicho en la pared donde la llama de la vela nunca parpadea. Siempre me devuelve a mi corazón, en el eterno presente.

Un mantra puede ser un nombre o nombres de Dios, en sánscrito, inglés, español o cualquier idioma que sepas. Se suele recitar en silencio mentalmente, aunque a veces puedes querer decirlo en voz alta o en voz baja, manteniéndolo internalizado y sin entrometerte en el espacio psíquico de otra persona. El sánscrito es interesante porque se basa en sílabas semilla o mantras *bij*, que establecen campos vibracionales a través del sonido. Funcionan incluso cuando se recitan en silencio, resonando en el interior.

Algunos mantras son más conceptuales. Todos los mantras funcionan por repetición. Practicados de forma constante, los mantras tienen la capacidad de tranquilizar la mente y transformar la conciencia. El mantra debe repetirse frecuentemente. Puede repetirse en cualquier momento y en cualquier lugar: cuando caminas, cuando te duchas, cuando lavas los platos, cuando esperas en la cola de un cine.

En el budismo, la palabra «mantra» significa «protector de la mente». Un mantra protege la mente evitando que entre en sus hábitos mecánicos habituales, que a menudo no son nuestra perspectiva consciente óptima.

El mantra es una poderosa práctica espiritual para concentrarse y para eliminar las emociones fuertes, como el miedo, la ansiedad y la ira. Cuanto más practiques un mantra, más se convierte en una parte tuya. Cuando lo necesitas a nivel psicológico –por ejemplo, cuando sientas miedo–, usando tu conciencia testigo, detectas el miedo y lo reemplazas por tu mantra. Esto ocurrirá de forma natural cuando el mantra se convierta en una práctica establecida. El mantra es un recordatorio diario de la presencia del Divino dentro de nosotros mismos y en el universo.

Mahatma Gandhi decía: «El mantra se convierte en un soporte para nuestra vida y nos conduce por todas las experiencias duras. No es una repetición vacía. Cada repetición tiene un nuevo significado, llevándote cada vez más cerca de Dios».

Sigue repitiendo tu mantra conscientemente hasta que se convierta en un hábito. Sal a caminar y repite el mantra todo el tiempo que estés caminando. Observa todo, pero deja que el mantra continúe. Sigue siendo consciente de que tu objetivo es estar con Dios, y por tanto todo lo que ves forma parte de Dios.

Maharaj-ji decía: «La mejor forma para adorar a Dios es en todas las formas». Todo el mundo al que conoces es Ram, que ha venido a enseñarte algo. El mantra es recordar ese lugar en el corazón. Ram, Ram, Ram. Dilo, gesticula con la boca, piénsalo, siéntelo en tu corazón. Tú te reúnes continuamente con el Amado y te unes en la perfección.

Lo Divino está presente en el alma de todos los seres vivos y en todo el universo. A Dios le han puesto distintos nombres en diferentes épocas, países y religiones. De acuerdo con la perspectiva hindú, un avatar es una encarnación de la conciencia divina en forma humana. Un avatar nace en un momento en que se necesita una enseñanza espiritual a fin de establecer nuevos caminos para la realización. Ram, Krishna,

Buda y Jesús son todos avatares desde la perspectiva hindú. Sus nombres evocan poder divino y se suelen usar en los mantras.

Una vez que eliges un mantra y estableces una práctica, es una buena idea no cambiar demasiado de mantras. Si te adhieres al mismo mantra, la práctica se hará más profunda.

A continuación hay algunos; puedes elegir uno con el que te sientas bien, o encontrar uno de alguna tradición con el que te sientas cómodo. Usa cualquier nombre que asocies con lo Divino.

Mi gurú, Neem Karoli Baba, utilizaba *Ram*, y a menudo se le podía ver pronunciando «Ram, Ram, Ram, Ram, Ram...». Ram (o Rama) en el Ramayana es un ser de gran luz, amor, compasión, sabiduría y poder, que vive en perfecta armonía con el dharma, el Uno. Ram es la esencia de quién eres tú cuando eres consciente de tu verdadero Yo, el Atman».

Sri Ram, Jai Ram, Jai, Jai, Ram («Amado Ram, te honro»).

Si usas Ram cuando meditas, di/piensa/siente Ram en las últimas respiraciones. La última respiración es la que experimentarás al final de tu vida. Asóciala con el amor, la misericordia, la compasión, la alegría, dejándote llevar. Entrénate con este pensamiento sobre Ram.

Otra alternativa es el *maha-mantra* («gran mantra») para Krishna y Ram:

Hare Krishna, Hare Krishna
Krishna, Krishna, Hare, Hare.
Hare Rama, Hare Rama,
Rama, Rama, Hare, Hare.

Krishna representa muchos aspectos del amor humano: amor parental, amor romántico y amor entre amigos. Sus instrucciones para Arjuna en el Bhagavad Gita son una enseñanza completa sobre vivir la vida como una práctica espiritual.

Om es un mantra sagrado, una de las sílabas bij (semillas) antes mencionadas, a veces llamado el sonido del universo. Es fundamental. Piensa: «Al principio estaba la palabra, y la palabra era Dios».

Om Namah Shivaya («Me inclino ante Shiva»).

Otros mantras del budismo son:

Om mani padme hum («Me inclino ante la joya en el loto del corazón»).

Om Tare Tu Tare Tura Swaha («Para la Madre en la forma de Tara»).

Un mantra de la tradición cristiana griega, en la Philokalia:

Señor Jesús, Hijo de Dios, ten misericordia de mí, un pecador.

El mantra puede practicarse con un *mala*, una sarta de abalorios de oración. En Occidente, al mala se le suele llamar rosario. Un mala tiene 108 abalorios, más un abalorio mayor para el gurú. Un mala de muñeca tiene 27, 36 o 54 abalorios, más un abalorio para el gurú. Todos estos números –108, 54, 36 y 27– son números sagrados en la numerología, con cifras que suman nueve. El mala es una ayuda externa para hacer mantras. Se recita el mantra mientras se pasan los abalorios con los dedos. La sensación de los abalorios moviéndose con los dedos es un maravilloso recurso para concentrarse.

Mediante la forma tradicional que me enseñaron para utilizar un mala, se usa la mano derecha, pasando cada abalorio con el pulgar y el tercer dedo, abalorio tras abalorio, moviéndolos hacia ti. Con cada abalorio repite el nombre de Ram, o cualquiera que sea tu mantra. Se continúa con el abalorio para el gurú, pausa y se piensa en el gurú o maestro. Después se invierten los abalorios y se procede al revés. No se completa el círculo. Eso nos ayuda a marcar cada ciclo de 108. Swami Ramdas, un santo indio del último siglo, cuya vida consistió en escuchar la voluntad de Ram para guiar toda su actividad, nos dice, refiriéndose al mantra y al kirtan (cántico devocional): «La gente no sabe lo que puede hacer el Nombre de Dios. Sólo aquellos que lo repiten constantemente conocen su poder. Puede purificar nuestra mente por completo… El Nombre puede llevarnos a la cumbre de la experiencia espiritual».[28]

28. Swami Ramdas, *Ramdas Speaks*, Vol 5. (Anandashram, Kerala: Bharatiya Vidya Bhavan, India).

SILENCIO

La práctica del silencio se manifestará en forma de tranquilidad y claridad mental, más energía y más capacidad para oír a otros con una comprensión más profunda. El silencio forma parte del ejercicio continuo de desarrollar el testigo. Observa cómo tu mente interpreta el mundo a tu alrededor. Si es posible, reserva algo de tiempo cada día, o un día del fin de semana, para estar en silencio. Explica a la familia y a los amigos tu intención de estar en silencio, de forma que tengas ayuda de ellos en tus esfuerzos. Pero recuerda que es sólo un ejercicio, así que no lo conviertas en un asunto muy importante. Está el silencio externo de no hablar y está el silencio más profundo de una mente tranquila.

BENDICIENDO LOS ALIMENTOS

Antes de comer, yo bendigo mis alimentos. Para muchas personas, bendecir la mesa era durante la niñez un momento de impaciencia, cuando los adultos controlan la situación, pero he descubierto que puede convertirse en un momento para volver a despertar una verdad viviente.

Cuando voy a comer, me llevo la comida hacia arriba o me siento con las manos tocando el plato, y pronuncio una bendición. A veces, en un restaurante, tan sólo me concentro interiormente en silencio; no tengo por qué darle demasiada importancia ni hacer que otras personas dejen de comer. Pienso en Dios durante un momento y soy consciente de que todo este ritual de rezar ante la comida es parte de todo el protocolo. Es parte de la ley; es parte del universo. El tazón de avena sobre el que estoy rezando es parte de Dios, como lo es el granjero que la cultivó, el cocinero que la preparó y yo, que estoy pronunciando esta oración, ofreciéndola. Todos somos parte de Dios. El hambre que la avena saciará, esas punzadas de mi estómago, el fuego del deseo que consumirá esta comida, también forman parte de Dios. Empiezo a sentir la unidad de todo; empiezo a experimentar un lugar de conocimiento tranquilo. Cuanto más profundamente aprecie la unidad que es la fuente de la comida, el hambre, mi barriga, más me convierto en uno con todo ello.

En la India aprendí una oración para recordarme esta unidad, una forma de ofrecer comida y de llevarme a casa:

Brahmarpanam Brahma Havir
Brahmagnau Brahmana Hutam
Brahmaiva Tena Ghantavyam
Brahmarkama Samadhina

El acto de ofrenda es Dios (Brahman).
El propio ofrecimiento (la comida) es Dios.
Quien hace la ofrenda es Dios, y el fuego sagrado (que cocinó la comida
y recibe la ofrenda) es Dios.
Así llega a Dios, y, en todas las acciones, es absorbido en Dios.

La próxima vez que esperes a que sirvan la comida y te sientas impaciente o con hambre, utiliza el momento para pensar en Dios. Después, cuando recibas la comida, pronuncia una bendición y déjala recordarte que tú y la comida sois uno. Después come. Los rituales pueden convertirse en automáticos o pueden llevarte más profundamente. Con el paso del tiempo, este ritual, para mí, se ha convertido en una conexión viva con lo Divino y en ser uno con todo lo que se manifiesta en el universo.

KIRTAN

En la India, kirtan es el cántico de los nombres de Dios, una práctica devocional que abre tu corazón y calma tu mente. Gran parte de lo que hemos dicho sobre los mantras es aplicable al kirtan, que puede utilizar los mismos nombres o frases, pero también puedes hacer kirtan junto con otras personas, con música.

En *Glimpses of Divine Vision*, el santo hindú Swami Ramdas dice: «La devoción por Dios, que vive en los corazones de todos nosotros, es el único camino que conduce al alma en apuros al refugio de la paz y la alegría perfectas... La devoción endulza la vida... Devoción significa recuerdo cariñoso de Dios. Sin duda, bendita es el alma que adora al Señor y los labios que pronuncian Su nombre como el néctar».[29]

Krishna Das, uno de los seguidores de Maharaj-ji, ha dirigido kirtan en Occidente durante muchos años. Dice: «Cantar es una forma de permanecer en contacto contigo mismo. Es una forma de apertura del corazón y de dejar pasar los pensamientos por la mente. Profundiza el canal de la gracia, y es una forma de estar presente en el momento». Aquí está cómo describe la práctica:

> Lo que estamos cantando es la repetición de los Nombres Divinos, los nombres hindúes de Dios. Normalmente, cuando pronunciamos el nombre de alguien, sabemos con quién estamos hablando. Cuando ponemos nombre a algo, como el nombre de un bebé, o si conseguimos un camión y es un Chevy, sabemos que el nombre define la persona o cosa para nosotros, y el nombre se dirige a nuestra atención por él. Con kirtan es un poco diferente.
>
> Dicen que estos Nombres Divinos proceden de un lugar de nuestro interior, un lugar que está antes del pensamiento, antes de la emoción, antes de cualquier cosa relacionada con los conceptos o con el pensamiento conceptual. Y estos Nombres se nos han entregado o revelado a nosotros por seres que, desde su experiencia más profunda, son conscientes de los nombres dentro de su interior.
>
> Maharaj-ji solía decir una y otra vez: *«Ram nam karnay se, sub pura ho jata»*, o bien que, al repetir los nombres de Dios, en este caso el nombre de Ram, todo se completa, todo se cumple.
>
> Repetir estos nombres madura nuestro karma; las cosas que no son útiles para nosotros se eliminan, y las cosas que son útiles para nosotros se incorporan al flujo de nuestra vida, simplemente mediante esta práctica, sin necesidad de acción por nuestra parte. Es un proceso de maduración.

---

29. Swami Ramdas, *Glimpses of Divine Vision* (Mangalore, India: Sharada Press, 1944).

Mientras repetimos estos nombres una y otra vez, el centro de la gravedad espiritual de lo más profundo de nosotros se vuelve más sólido, más denso, y nos impulsa más profundamente a nuestro interior. Eso nos concede la capacidad, o más bien crea el tipo de condiciones, para liberar un poco antes todas las cosas que quedan atrapadas en nuestras mentes y nuestras emociones.

Si piensas en algo nuevo, sea lo que sea, por ejemplo el tiempo, llega un momento en que ese pensamiento se queda sin energía, ¿verdad? Ya no te llama la atención, tu atención se concentra en algo distinto y te invade otro pensamiento. ¿Por qué debe detenerse ese proceso alguna vez? ¿Por qué debemos volver a cualquier lugar de nuestro interior al que regresemos?

De hecho estamos aquí, en nuestra verdadera naturaleza; aquí es donde vivimos. Nuestros pensamientos y nuestra fascinación por el mundo externo y todas las cosas sensuales y mentales y todo lo demás, eso es lo que arranca de nuestra verdadera naturaleza.

Mediante la repetición de estos nombres aprendemos a introducirnos más profundamente en nuestros propios corazones. Nos volvemos más conscientes de que nuestra mente deambula. Poco a poco, gradual pero inevitablemente, te introduces con más profundidad en tu propio ser, te reconoces a ti mismo de una nueva forma.

Inevitablemente es una palabra excelente: *inevitablemente* significa que estás dentro de un tren, que el tren sigue su camino y que tú te encuentras en la parte delantera de este tren, corriendo lo más rápido que puedes hacia la parte posterior del tren, en sentido opuesto a dónde se dirige el tren. Pero no importa, porque, cuando el tren llegue a la estación, tú también estarás allí. Es *inevitable*. Ésa es mi vida.

Cuando cantas no tienes que imaginar nada, tener ninguna experiencia fantástica, visualizar nada ni hacer que ocurra nada. Simplemente te piden que cantes, y cuando te das cuenta de que no estás prestando atención, vuelves atrás. Eso es todo lo que tienes que hacer. No hay expectativas que tengas que cumplir, lo que también significa que no hay decepciones. No esperes que baje del cielo un carro en llamas y que te lleve siempre que cantes. No va a ocurrir.

Limítate a estar aquí. Cuando observes que no estás aquí, ya lo estás. Entonces vuelve a cantar con un poco más de intensidad. No intentándolo con más fuerza, sólo prestándole un poco más de atención. Y entonces, en cuanto notes que de nuevo te has alejado, vuelve.

Gradualmente, la fascinación por las cosas eternas se desgasta, los pensamientos y las emociones no nos atraen con tanta intensidad como lo hacían, y las historias sobre nosotros que nos contamos a nosotros mismos se vuelven menos convincentes. Empezamos a asentarnos más profundamente en nuestro interior y a encontrar allí la Presencia Amorosa.[30]

PEREGRINAJES

En el templo de la India solíamos bromear con que el yoga de cinco miembros de Maharaj-ji consistía en comer, dormir, beber té, charlar y caminar. Es cierto que solamente pasábamos el rato, pero lo hacíamos en la presencia de Maharaj-ji, en un templo en el Himalaya, en su espacio vibratorio que nos transformaba. Habíamos viajado al otro extremo del mundo para estar allí, sin que alguno de nosotros supiera por qué o dónde habíamos ido, pero todos buscábamos algo en nuestro interior.

Tal vez no lo llamáramos así en ese momento, pero eso era un peregrinaje. Quizás un peregrinaje dentro de nuestros propios corazones, pero ése es el mejor de todos los posibles. Después experimentamos muchos otros lugares de la India que tienen una carga espiritual, y también descubrimos lugares en Occidente que tienen esas cualidades de paz profunda y energía espiritual. Si viajas o vas fuera, puedes considerar la posibilidad de hacer un peregrinaje a un lugar sagrado y

30. Krishna Das, transcrito de un retiro en Maui, diciembre de 2010. Permiso de reproducción concedido por Krishna Das.

utilizar su energía espiritual como una forma de intensificar tu propio trabajo interno.

RETIRO

Un retiro te aparta temporalmente de la profusión de los estímulos sensoriales y mentales de forma que puedas concentrarte en tu vida interior. Tal vez todo lo que tienes que hacer es cerrar la puerta de tu habitación y desconectar el teléfono y el ordenador. Por otro lado, puedes pensar en un retiro en uno de los numerosos lugares para tal fin en Occidente, donde tus aspiraciones se ven reforzadas por otras personas que también buscan, y donde puedes conseguir comida pura y algunas instrucciones para la meditación u otras prácticas. Escucha en tu interior qué tipo de retiro o centro –ya sea que se concentre en la meditación silenciosa, en cánticos grupales o en alguna otra forma de práctica– será más adecuado para ti y en qué lugar de tu camino te encuentras.

PALABRAS DE SERES REALIZADOS

Pasar el tiempo con seres realizados o santos, con sus palabras e imágenes, es una forma de inspirar y encontrar guía para tu propio camino. Un ser realizado es como un espejo puro que te muestra todos los lugares donde hay polvo en tu propio espejo. Un ser así es un espejo cristalino porque no tiene ningún apego, por lo que todo lo que ves son tus propios apegos magnificados. Busca palabras de los grandes santos y sabios de las religiones del mundo que inspiren tu práctica. Cópialas en tu diario, pégalas al frigorífico o al ordenador, y llévalas en tu corazón. Las palabras de seres realizados me han guiado a lo largo de los años, y a ti te ayudarán a dirigir tu viaje interior, como hicieron con el mío. Unos cuantos ejemplos:

> Dios, gurú y Yo son Uno.
>
> RAMANA MAHARSHI

El Yo es el corazón, con luz propia. La iluminación surge del corazón y alcanza el cerebro, que es el lugar propio de la mente. El mundo se ve con la mente; así que ves el mundo con la luz reflejada del Yo.[31]

RAMANA MARSHI

El intenso deseo de realización en Dios es en sí mismo el camino hacia lo que buscas.[32]

SRI ANANDAMAYI MA

El amor tiene que surgir espontáneamente del interior. De ningún modo es responsable de ninguna forma de fuerza interna o externa. El amor y la coerción nunca pueden ir juntos; pero aunque el amor no puede ser forzado en nadie, puede ser despertado mediante el propio amor. El amor es esencialmente autocomunicativo. Quienes no lo tienen lo consiguen de quienes lo tienen. Quienes reciben amor de otros no pueden ser su recipiente sin dar una respuesta que –en sí misma– es la naturaleza del amor. El amor verdadero es inconquistable e irresistible. Continúa reuniendo poder y extendiéndose hasta que en cierto momento transforma a todo el que toca. La humanidad alcanzará un nuevo modo de ser y vivir mediante la interacción libre y sin obstáculos para el amor puro de corazón a corazón.

MEHER BABA

¿Por qué es tan difícil encontrar a Dios? Porque estás buscando algo que nunca has perdido.

MEHER BABA

---

31. Ramana Maharshi, *Maharshi's Gospel*, 13.ª ed. (Tiruvannamalai, India: Sri Ramanashram, 2002) 16.
32. Anandamayi Ma *Matri Darshan, Shri Anandamayi Ma*, traducido al inglés por Atmananda Mangalam (Germany: Verlag S. Schang, 1983).

El conocimiento y el amor de Dios son en última instancia uno y lo mismo. No hay diferencia entre el conocimiento puro y el amor puro.[33]

Sri Ramakrishna

Un tarro conservado en agua está lleno de agua por dentro y por fuera. De igual modo, el alma inmersa en Dios ve el espíritu omnipresente por dentro y por fuera.[34]

Sri Ramakrishna

El santo es un espejo, todo el mundo puede mirarse en él; es nuestra cara lo que se distorsiona, no el espejo.[35]

Paltu Sahib

ESCUCHANDO A TU YO

El trabajo interior puede ser sutil. Cuando tu mente se calma, empiezas a escuchar más tu propia voz interior. Aprende a confiar en tu propia sabiduría intuitiva sobre tu práctica espiritual.

No puedes aceptar los juicios de otra persona sobre tu camino; no puedes aceptar los juicios de un libro. Tienes que mantenerlos mediante tu propio juicio intuitivo. Tal vez digas: «Lo que de verdad necesito ahora es desarrollar un tranquilo espacio meditativo, calmar mi mente más profundamente». O «Lo que realmente necesito ahora es abrir mi corazón». O «Lo que de verdad necesito es un maestro que enseñe con intensidad». O «Lo que necesito de verdad es mucho amor, apoyo sincero». O «Lo que realmente necesito hacer es limpiar un poco más mi

---

33. Sri Ramakrishna, *Ramakrishna: His Life and Sayings*, por F. Max Müller (New Delhi: Rupa & Co., 2002) 138.
34. Ibíd., 141.
35. Paltu Sahib, santo hindú del siglo xix, de Ayodhya, citado en *Sarmad* (santo judío de la India), por I.A. Ezekiel (Punjab, India: Radha Soami Satsang Beas, 1966).

trasfondo psicológico antes de proseguir en el plano espiritual». Si realmente sigues estudiándote, empezarás a sentir dónde estás bloqueado y dónde está el siguiente paso de tu camino. Confía en él: aprende a confiar en tu guía interior.

Soy un gran defensor del camino en espiral, de ver el camino espiritual como un tipo de escalera en espiral. Puedes profundizar mucho en una práctica, y si ya no funciona, retroceder. A veces haces una práctica durante un tiempo, después vuelves al mundo o intentas otra cosa. Cuando vuelves a esa práctica en la fase siguiente, la ves desde un nuevo nivel por completo. La ves desde un lugar distinto de tu conciencia.

Quién seas cuando vuelvas a ella es diferente. Así que, aunque una práctica es una disciplina, es mejor ser amable contigo mismo y no ser demasiado violento impulsándote con mucha fuerza. Si te sientes como si estuvieras adelantándote o empezando a quemarte, detente un tiempo y prueba otras formas.

Algunas personas acuden a mí y dicen: «Creo que debería meditar», y yo digo «No». Otras personas vienen y dice: «Oh, gracias a Dios, puedo meditar». Es sólo cuestión de tiempo.

En nuestras mentes, a menudo nos adelantamos a la rapidez intuitiva de nuestras vidas o de nuestro ser. Tendemos a exagerar con nuestras mentes. Convertimos nuestro camino en cosas; nuestra mente concibe el siguiente nivel de conciencia antes de que estemos allí de verdad o antes de que estemos preparados para ir allí. El resultado es que siempre estamos un poco por delante de nosotros mismos en nuestros pensamientos. No desaceleramos lo suficiente para estar plenamente en nuestro ser. Hacemos cosas mientras *pensamos* que deberíamos hacerlas. Estamos creando sin parar nuevos modelos de nosotros mismos antes de estar plenamente aquí con lo que hay. Si podemos bajar el ritmo y estar aquí y ahora...

Si haces una práctica y la práctica no funciona, escucha de forma intuitiva a tu interior, y oirás: «Si reinvierto en esta práctica y accedo a ella desde una nueva perspectiva, podría estar viva de una nueva forma», o «Iré a algún otro lugar durante un tiempo y volveré a él de nuevo más adelante». Sólo tienes que confiar, sin importar que tu intuición resuene en ese momento.

Mi sugerencia suele ser que se baje el ritmo. No te imagines que te iluminaste ayer. Relájate. Tan sólo empieza a sintonizar tú mismo con el espíritu en tu interior. No hagas suposiciones sobre cómo será tu camino. Tal vez digas: «Por fin, he encontrado mi camino, la práctica que es adecuada para mí», pero no supongas que esa práctica es lo que harás durante el resto de tu vida. Porque el tú que descubrió esa práctica, en el transcurso de la ejecución de la práctica, va a cambiar y transformarse en alguna otra persona. Una práctica que era apropiada para ti al principio puede no ser ya útil más adelante. Sigue permaneciendo abierto y escuchando estos delicados cambios y equilibrios mientras se encuentren en tu interior.

Resulta valioso profundizar en una práctica. Swami Satchitananda en cierta ocasión me criticó por ser un diletante ecléctico. Dijo: «Ram Dass, no puedes limitarte a deambular cavando fuentes superficiales por todas partes. Tienes que cavar una fuente profunda para conseguir agua fresca». Ésa es una buena metáfora. Podría inventar otra metáfora que sería igualmente apropiada para el otro extremo de la argumentación.

Pero cuando contemplo a la gente según pasa el tiempo, veo que comienzan siendo muy eclécticos, probando distintas prácticas y después siendo atraídos por una práctica muy profundamente. Cuando llegan al otro extremo, como Ramakrishna, pueden hacer todas las prácticas, y todas son iguales. Es como un embudo o un reloj de arena: todo fluye en una dirección a través de una estrecha apertura, y al final se expande. Tan gradualmente. Permítete seguir probando cosas y siendo ecléctico hasta que te sientas atraído a adoptar un proceso más profundo.

Gurdjieff, el filósofo ruso, dijo que aunque un reloj con alarma te despierte en un momento, después puedes volver a quedarte dormido. Necesitas seguir encontrando nuevos relojes con alarma para despertarte. Él dijo que es posible que tengas algo que te despierte del sonambulismo normal en tu conciencia despierta que funcione en un momento, pero no en el siguiente. Como si leyeras algo, lo lees en un momento, y poco después estás ocupado elaborando tu lista de la compra mientras lo estás leyendo, y más tarde estás completamente dormido. Maharaj-ji nos contó en una ocasión: «La mente puede viajar un millón de kilómetros en un abrir y cerrar de ojos. Buda dijo eso».

Las prácticas son sólo prácticas. La práctica nos convierte en perfectos. Una vez que te has perfeccionado, la práctica está hecha. Utilizas una barca para cruzar un río, pero cuando estás en el otro lado ya no te resulta útil. Al nivel del puro ser, no hay nada que hacer, pero al nivel de tu ego quieres hacer algo. Así es. No hay nada que hacer, y no obstante tienes que hacerlo. Tienes que hacer el esfuerzo de practicar, de hacer sadhana, pero también necesitas entender que la persona que hace el esfuerzo nunca consigue la iluminación. Comprende que tu ego, que dice «puedo despertar», es un ego que va a morir, desaparecer o disolverse en el proceso. Quien consigue la iluminación no es quien *piensas* que eres, sino quien *eres*. Por último, incluso tendrás que abandonar tu intento.

En cierta ocasión yo estaba sentado con el maestro tibetano Chogyam Trungpa Rinpoche, y él dijo que haríamos una meditación específica para expandirnos exteriormente. Así que empezamos a expandirnos exteriormente, mirándonos a los ojos. Después de un rato, me preguntó: «Ram Dass, ¿lo estás intentando?».

Respondí: «Sí».

Él dijo: «No, Ram Dass. No lo intentes, simplemente expándete».

Existe esta paradoja aparente que hay entre hacer un esfuerzo y sólo permitirte *ser*, que son en realidad dos planos diferentes de conciencia. Cuando tú, como ego, sientes que hay algo más allá de tu percepción limitada, haces un esfuerzo para ir de A a B; quieres seguir un camino o hacer un viaje. Así que haces el esfuerzo. Meditas. Acudes a un lugar de retiro. Al principio puede que te sientas bloqueado y frustrado, así que te obligas; te disciplinas a ti mismo. Cuando el proceso funciona y empiezas a probar otro nivel de conciencia, comienzas a ver que esos patrones de conducta, el intento y la frustración que experimentabas al desear otra cosa, estaban totalmente dentro de la estructura causa-efecto de tu karma que se despliega, y de cómo funciona tu mente. En cierto sentido era predecible. Que tú busques la iluminación o estar más cerca de Dios es una tendencia (*sanskara* en sánscrito) de tus acciones pasadas que te preparaban para hacer prácticas espirituales.

Existe cierta angustia en nuestro dilema de estar atrapados con un pie en el mundo y un pie en el espíritu. Cuando te vuelves demasiado sagrado o demasiado elevado, el mundo tira de ti para que vuelvas a tu estado anterior. Tienes que danzar con ese tipo de tensión en todo momento. Sigues trayendo tu naturaleza mundana y tu yo espiritual cada vez más cerca en tu adaptación.

La buena noticia es que ese despertar está integrado en el sistema. Sólo necesita su propio tiempo. Ha aprendido a dirigir a la gente para experimentar un momento de despertar. A veces es como tener una rueda con un pinchazo en ella. La inflas, vuelves un momento después, y la codicia, el deseo y el miedo han vuelto, y está desinflada otra vez. Te preguntas qué ha pasado. Entonces, con otra persona simplemente la tocas y se abre; todo cambia en su vida y nunca vuelve. Estoy aprendiendo a escuchar con más atención quiénes son las personas y dónde se encuentran en su evolución espiritual. Estoy aprendiendo a honrar de verdad a la gente y a mí mismo por quienes somos en el momento, a fin de entender la idoneidad de una práctica, y que nuestro karma y nuestro despertar se desarrollen perfectamente.

Una de las mejores cosas que ocurrieron en mi relación con mi padre tuvo lugar cuando él se aproximaba a la muerte. Yo por fin le permití ser quien era, en lugar de intentar convertirle en quien yo pensaba que debería ser. Y el dejó de intentar convertirme en quien pensaba que yo debería ser, y nos hicimos amigos.

Eso es lo que somos todos en este camino, familia y amigos espirituales. Somos sólo una gran familia. Todos somos parientes hasta que somos conscientes de que de verdad somos todos iguales y que solamente somos uno: una conciencia amorosa.

Ojalá seas uno en ese amor.

Agradecimientos

JANAKI SANDY GAAL compiló con devoción material de las charlas y escritos de Ram Dass, antes de que supiéramos que esto iba a ser un libro. Ella dio el impulso original a este proyecto y ayudó en todos los pasos. Se merece mucho más crédito del que podemos concederle.

Raghu Markus, director de la fundación Love Serve Remember, habló con el editor de Sounds True, Tami Simon, y con la redactora jefe, Jennifer Brown, sobre la idea de elaborar un libro electrónico, pero ellos decidieron ir a por todas y lo editaron para imprimirlo en papel. Amy Rost, de Sounds True, puso todos sus esfuerzos como experta en edición para pulir *Puliendo el espejo.* Ella encarna la habilidad y el entusiasmo del equipo de edición y producción de Sounds True, que ideó y elaboró esta obra.

Dassi Ma Kathleen Murphy dedicó su tiempo y se mantuvo firme para que pudiera crearse este proyecto. K.K. Sah y Krishna Das aportaron palabras de sus diarios individuales a nuestro corazón colectivo, que resuenan con afecto. John Welshons echó una mano con una edición crucial, a larga distancia, cuando llegó a Maui debido a una ventisca en la costa este.

Stephen Mitchell, Daniel Ladinsky, Richard Clarke, Coleman Barks y Stephen Levine, entre otros, han sido verdaderamente amables al permitir reproducir sus extraordinarias obras. La devoción e ideas que aportaron para traducir a los grandes santos y poetas, y la brillantez de su propia expresión, han enriquecido este texto y la experiencia de trabajar en él.

Los libros espirituales no son sino postes indicadores dejados a un lado del camino para que los peregrinos alcancen la luz interna. Ojalá el polvo de los pies de los grandes seres que han pisado este Camino antes que nosotros bendiga las palabras y los pensamientos de estas páginas y nos guíen a casa.

Acerca del autor y el coautor

Ram Dass

Antes de convertirse en Ram Dass, fue Richard Alpert, hijo del presidente del ferrocarril de Nueva York, New Haven y Hartford. Alpert era un prometedor profesor de relaciones sociales en Harvard, cuando se hizo amigo de un nuevo miembro de la Facultad llamado Timothy Leary. Leary contó a Alpert que había tenido una experiencia trascendente con setas sagradas en México. Los dos comenzaron una serie de proyectos de investigación psicológica usando sustancias que llegaron a conocerse como «psicodélicos». En 1963 fueron despedidos de Harvard por sobrepasar los límites con la investigación sobre psicodélicos. Desde el salón de actos de Ivy, el dúo llegó a convertirse en iconos de la contracultura, en la cumbre de los movimientos de los años sesenta.

Hacia 1966 Alpert había llevado la exploración con psicodélicos lo más lejos que pudo. Viajó a la India en busca de un lector de mapas para los estados inexplorados de conciencia que había experimentado. Mediante una serie aparentemente fortuita de acontecimientos, conoció a un gurú con el nombre de Neem Karoli Baba, llamado simplemente Maharaj-ji, quien *sabía*. Durante seis meses, Alpert vivió una vida apartada en un ashram, en las colinas del Himalaya. Allí aprendió yoga y práctica *bhakti*, el camino devocional del corazón.

Alpert regresó a Estados Unidos como Ram Dass, un nombre que significa «siervo de Dios». Creyendo que llevaba una valiosa joya, Ram

Dass empezó a compartir sus experiencias en charlas por todas partes, y con jóvenes que acudían a acampar en la casa de verano de su familia en New Hampshire. En una comuna de las montañas del norte de Nuevo México, se transcribieron algunas de sus charlas y se transformaron en una caja de herramientas espiritual. Se publicaron en forma de libro en 1970. *Be Here Now* se convirtió en una biblia de la contracultura para millones de buscadores que deseaban encontrar un camino espiritual.

Be Here Now resonó con el ambiente cultural de una forma que pocas obras han conseguido, antes o después. Ram Dass siguió viajando y dando conferencias sobre el trabajo espiritual. Durante tres décadas, su vida itinerante le puso en contacto con miles de individuos, y le llevó a colaborar con otros maestros, como Chögyam Trunga Rinpoche en el primer verano de la Universidad de Naropa. Ram Dass escribió más libros y ayudó a fundar organizaciones de servicio como por ejemplo un proyecto de prisión ashram, un proyecto para ayudar a la gente a morir de forma más consciente, y la fundación Seva, que se dedica a curar la ceguera y que ayuda a personas poco afortunadas de todo el mundo.

Mientras se encontraba en medio de la escritura de un libro sobre el envejecimiento consciente, en 1997, titulado *Still Here*, Ram Dass sufrió un ictus casi mortal que le dejó con afasia y parálisis en la parte derecha de su cuerpo. Después de una larga recuperación, incluso dependiendo de una silla de ruedas, volvió a viajar y dar conferencias, aunque de forma más calmada. En 2004, Ram Dass regresó a la India para visitar el templo de Maharij-ji en las colinas. Cuando volvió a Estados Unidos, dirigió un retiro en Maui, que terminó con un viaje al hospital de urgencias debido a una grave infección urinaria y renal. Una vez más, estuvo a punto de abandonar su cuerpo. Después de curar la infección, se estableció en Maui. Ya no sale de Hawái. Actualmente enseña a través de Internet en ramdass.org, dirige retiros en Maui y sigue escribiendo.

Desde que dejó de viajar, Ram Dass vive en un sitio tranquilo. Su enseñanza distintiva de *estar aquí y ahora* ha generado todo un nivel de profunda satisfacción, y su acomodación a sus limitaciones físicas son tan profundas como interesantes eran su ingenio y su sabiduría anteriores. Igual que cuando era un pionero de los psicodélicos investigando nuevos límites de la conciencia, Ram Dass sigue siendo un explorador, ahora sondeando nuestro corazón espiritual en busca del amor incondicional.

Rameshwar Das

Rameshwar Das conoció a Ram Dass en una charla en la universidad, en 1967, y acudió a aprender yoga y meditación con él en su granja familiar de New Hampshire. Desde 1970 hasta 1972, Ramesh viajó a la India para ver a Neem Karoli Baba. Sigue visitando ese país habitualmente.

Ramesh trabajó con Ram Dass en el libro de 2010 *Be Love Now*, en las grabaciones *Love Serve Remember* y en el proyecto original que se convirtió en *Be Here Now*. También ha trabajado como fotógrafo, incluyendo una temporada como colaborador para el *New York Times* y otras publicaciones. La obra de Ramesh abarca una amplia gama de fotoperiodismo, editorial, artes plásticas y fotografía comercial. Ha dado clases de fotografía y también ha trabajado como ecologista y escritor sobre temas costeros. Vive con su esposa, profesora de yoga, y dos hijos, en el extremo este de Long Island.

Índice